快·学习

快速跟进 学习参考



# 以人民为中心

石慧 编

中共党史出版社

**图书在版编目（CIP）数据**

以人民为中心 / 石慧编 . -- 北京：中共党史出版
社，2022.4
（快 · 学习）
ISBN 978-7-5098-5990-2

Ⅰ . ①以… Ⅱ . ①石… Ⅲ . ①习近平新时代中国特色
社会主义思想—研究 Ⅳ . ① D610.4

中国版本图书馆 CIP 数据核字 (2022) 第 022058 号

出版发行：中共党史出版社
责任编辑：王媛
责任校对：申宁
责任印制：段文超
社　　址：北京市海淀区芙蓉里南街 6 号院 1 号楼
邮　　编：100080
网　　址：www.dscbs.com
经　　销：新华书店
印　　刷：北京盛通印刷股份有限公司
开　　本：160mm × 230mm　1/16
字　　数：175 千字
印　　张：14.5
印　　数：1–5000 册
版　　次：2022 年 4 月第 1 版
印　　次：2022 年 4 月第 1 次印刷
ISBN 978-7-5098-5990-2
定　　价：42.00 元

---

# 目 录

目 录

# 目录

目录

# 一、经典论述

过去的一切运动都是少数人的或者为少数人谋利益的运动。无产阶级的运动是绝大多数人的、为绝大多数人谋利益的独立的运动。无产阶级，现今社会的最下层，如果不炸毁构成官方社会的整个上层，就不能抬起头来，挺起胸来。

——马克思、恩格斯:《共产党宣言》(1848 年)

普选权不是为了每三年或六年决定一次由统治阶级中什么人在议会里当人民的假代表，而是为了服务于组织在公社里的人民，正如个人选择权服务于任何一个为自己企业招雇工人和管理人员的雇主一样。

——马克思、恩格斯:《法兰西内战》(1871 年)

我们要运用全部国家机构，使学校、社会教育、实际训练都在共产党领导之下为无产者、为工人、为劳动农民服务。

——列宁:《俄共(布)第九次代表大会文献》(1920 年)

知识分子活动的性质也改变了。从前，他们一定为富人阶级服务，因为当时没有别的出路。现在，他们一定为人民服务，因为剥削阶级已经不存在了。

——斯大林:《关于苏联宪法草案》(1936 年)

白求恩同志毫不利己专门利人的精神，表现在他对工作的极端的负责任，对同志对人民的极端的热忱。每个共产党员都要学习他。

……

我们大家要学习他毫无自私自利之心的精神。从这点出发，就可以变为大有利于人民的人。一个人能力有大小，但只要有这点精神，就是一个高尚的人，一个纯粹的人，一个有道德的人，一个脱离了低级趣味的人，一个有益于人民的人。

——毛泽东：《纪念白求恩》（1939 年 12 月 21 日）

要奋斗就会有牺牲，死人的事是经常发生的。但是我们想到人民的利益，想到大多数人民的痛苦，我们为人民而死，就是死得其所。不过，我们应当尽量地减少那些不必要的牺牲

——毛泽东：《为人民服务》（1944 年 9 月 8 日）

我们一切工作干部，不论职位高低，都是人民的勤务员，我们所做的一切，都是为人民服务，我们有些什么不好的东西舍不得丢掉呢？

——毛泽东：《一九四五年的任务》（1944 年 12 月）

全心全意地为人民服务，一刻也不脱离群众；一切从人民的利益出发，而不是从个人或小集团的利益出发；向人民负责和向党的领导机关负责的一致性；这些就是我们的出发点。

——毛泽东：《论联合政府》（1945 年 4 月 24 日）

国家机关实行民主集中制，国家机关必须依靠人民群众，国家机关工作人员必须为人民服务。

——毛泽东：《关于正确处理人民内部矛盾的问题》（1957 年 2 月 27 日）

共产党——这是工人阶级和劳动人民中先进分子的集合体，它对于人民群众的伟大的领导作用，是不容怀疑的。但是，它之所以成为先进部队，它之所以能够领导人民群众，正因为，而且仅仅因为，它是人民群众的全心全意的服务者，它反映人民群众的利益和意志，并且努力帮助人民群众组织起来，为自己的利益

和意志而斗争。

——邓小平:《关于修改党的章程的报告》(1956 年 9 月 16 日)

我们进了城，执了政，是做官呢，还是当人民的勤务员呢?这个问题是毛泽东同志过去多次讲过的。可以有两种态度:一种是做官，一种是当人民的勤务员。如果不是做官，而是当人民的勤务员，那就要以普通劳动者的面貌出现，要平等待人，要全心全意地为人民服务。

——邓小平:《在扩大的中央工作会议上的讲话》(1962 年 2 月 6 日)

我相信，凡是符合最大多数人的根本利益，受到广大人民拥护的事情，不论前进的道路上还有多少困难，一定会得到成功。

——邓小平:《在中国共产党全国代表会议上的讲话》(1985 年 9 月 23 日)

我们党来自人民，植根于人民，服务于人民。建设有中国特色社会主义全部工作的出发点和落脚点，就是全心全意为人民谋利益。共产党员要倾听群众呼声，关心群众疾苦，为群众办实事，办好事。

——江泽民:《高举邓小平理论伟大旗帜，把建设有中国特色社会主义事业全面推向二十一世纪》(1997 年 9 月 12 日)

领导干部要同群众保持密切联系，真正同群众打成一片，想群众之所想、急群众之所急，以群众赞成不赞成、高兴不高兴作为自己的行为准则。否则，就有被群众抛弃的危险。

——江泽民:《“三讲”教育是加强党的建设的新探索》(1999 年 6 月 28 日)

全心全意为人民服务，立党为公，执政为民，是我们党同一切剥削阶级政党的根本区别。任何时候我们都必须坚持尊重社会发展规律与尊重人民历史主体地位的一致性，坚持为崇高理想奋斗与为最广大人民谋利益的一致性，坚持完成党的各项工作与实现人民利益的一致性。

——江泽民：《在庆祝中国共产党成立八十周年大会上的讲话》（2001年7月1日）

必须坚持以人为本。全心全意为人民服务是党的根本宗旨，党的一切奋斗和工作都是为了造福人民。要始终把实现好、维护好、发展好最广大人民的根本利益作为党和国家一切工作的出发点和落脚点，尊重人民主体地位，发挥人民首创精神，保障人民各项权益，走共同富裕道路，促进人的全面发展，做到发展为了人民、发展依靠人民、发展成果由人民共享。

——胡锦涛：《高举中国特色社会主义伟大旗帜，为夺取全面建设小康社会新胜利而奋斗》（2007年10月15日）

能不能坚持全心全意为人民服务的根本宗旨，是检验领导干部党性是否坚强、作风是否优良的首要标准。密切联系群众还是脱离群众，不仅是态度问题、感情问题，更是政治立场、政治本色问题。

——胡锦涛：《加强领导干部党性修养，大力树立和弘扬良好作风》（2009年1月13日）

以人为本、执政为民是我们党的性质和宗旨的集中体现，也是我们党一贯的政治主张和执政理念。

——胡锦涛：《在十七届中央纪委六次全会上的讲话》（2011年1月10日）

历史和现实表明，我们党最大政治优势是密切联系群众，党执政后的最大危险是脱离群众。

——习近平：《改革开放30年党的建设回顾与思考》（2008年9月1日）

每个人的工作时间是有限的，但全心全意为人民服务是无限的。责任重于泰山，事业任重道远。我们一定要始终与人民心心相印、与人民同甘共苦、与人民团结奋斗，夙夜在公，勤勉工作，努力向历史、向人民交出一份合格的答卷。

——习近平：《人民对美好生活的向往，就是我们的奋斗目标》（2012年11月15日）

做好扶贫开发工作，支持困难群众脱贫致富，帮助他们排忧解难，使发展成果更多更公平惠及人民，是我们党坚持全心全意为人民服务根本宗旨的重要体现，也是党和政府的重大职责。

——习近平：《在河北省阜平县考察扶贫开发工作时的讲话》（2012年12月29日、30日）

"治天下也，必先公，公则天下平矣。"让广大人民群众共享改革发展成果，是社会主义的本质要求，是社会主义制度优越性的集中体现，是我们党坚持全心全意为人民服务根本宗旨的重要体现。

——习近平：《以新的发展理念引领发展，夺取全面建成小康社会决胜阶段的伟大胜利》（2015年10月29日）

全党同志要把人民放在心中最高位置，坚持全心全意为人民服务的根本宗旨，实现好、维护好、发展好最广大人民根本利益，把人民拥护不拥护、赞成不赞成、高兴不高兴、答应不答应作为衡量一切工作得失的根本标准，使我们党始终拥有不竭的力量源泉。

——习近平：《在庆祝中国共产党成立九十五周年大会上的讲话》（2016年7月1日）

我们要始终把人民立场作为根本立场，把为人民谋幸福作为根本使命，坚持全心全意为人民服务的根本宗旨，贯彻群众路线，尊重人民主体地位和首创精神，始终保持同人民群众的血肉联系，凝聚起众志成城的磅礴力量，团结带领人民共同创造历史伟业。

——习近平：《在纪念马克思诞辰200周年大会上的讲话》（2018年5月4日）

在保护人民生命安全面前，我们必须不惜一切代价，我们也能够做到不惜一切代价，因为中国共产党的根本宗旨是全心全意为人民服务，我们的国家是人民当家作主的社会主义国家。

——习近平：《在全国抗击新冠肺炎疫情表彰大会上的讲话》（2020年9月8日）

江山就是人民、人民就是江山，打江山、守江山，守的是人民的心。中国共产党根基在人民、血脉在人民、力量在人民。

——习近平：《在庆祝中国共产党成立100周年大会上的讲话》（2021年7月1日）

# 二、传统源流

# 中国古代民本思想名言录

**民可近，不可下，民惟邦本，本固邦宁。**

——《尚书·五子之歌》

释义：要亲近民众，不要把民众踩在脚下。民众是邦国的根本，根本牢固，邦国才能安定。

**圣人常无心，以百姓心为心。**

——《老子》

释义：圣人没有自己的私心，以百姓的心为己心。

**民为贵，社稷次之，君为轻。**

——《孟子·尽心下》

释义：百姓、政权和君主三者之中，百姓最宝贵，其次是政权，最后是君主。

**虽身知其安也，口知其甘也，目知其美也，耳知其乐也，然上考之不中圣王之事，下度之不中万民之利，是故为非乐也。**

——《墨子·非乐》

释义：即使身体感到了安逸，口腹尝到了甘甜，眼睛看到了美色，耳朵听到了欢愉，但如果这些安乐往上说不合圣王的事迹，往下说不合万民的利益，那也是不好的安乐。

**夫霸王之所始也，以人为本，本理则国固，本乱则国危。**

——《管子·霸言》

释义：王霸天下的开始，就是以人为本，根本条理了，国家才会强固；根本混乱了，国家就危险了。

**政之所兴，在顺民心；政之所废，在逆民心。**

——《管子·牧民》

释义：政治所以兴盛，在于顺应了民心；政治所以废弛，在于背逆了民心。

**君者，舟也；庶人者，水也。水则载舟，水则覆舟。**

——《荀子·王制篇》

释义：君主，好比是船；平民百姓，好比是水。水能载船，水也能翻船。

**民者，君之本也。使人以其死，非正也。**

——《春秋谷梁传》

释义：百姓，是君主的根本。役使人民到死，这不是正道。

**夫民者，万世之本也，不可欺。凡居于上位者，简士苦民者是谓愚，敬士爱民者是谓智……故夫民者，至贱而不可简也，至愚而不可欺也。故自古至于今，与民为雠者，有迟有速，而民必胜之。**

——贾谊《新书·大政上》

释义：百姓，是万世的根本，不可欺负。那些身居高位的人，如果简慢士人、劳苦百姓，那是愚蠢；如果尊重士人，爱护百姓，那是高明……老百姓虽然很卑微但是不能怠慢他们，老百姓虽然很愚昧但是不能欺骗他们。从古至今，和民众作对的，最终都会失败，尽管有的快点，有的慢点。

**天下国家之大务莫大于恤民，而恤民之实在于省赋。**

——朱熹

释义：天下国家最大的事务莫过于体恤百姓，体恤百姓落到实处就是减少赋税。

**盖天下之治乱，不在一姓之兴亡，而在万民之忧乐。**

——黄宗羲

释义：天下治乱，不在于一族一姓的兴亡，而在于万家百姓的苦乐。

# 包拯：替百姓解愁去弊*

史戈

包拯是北宋一代名臣，他所享有的崇高历史盛誉，罕有伦比。他长期生活在民间，即使是从政之后，也多年在地方任职，对于人民的疾苦，对于人民在社会发展中的作用，也有一定的认识。他把现实生活中的感受与儒家理论中的民本思想结合起来，形成了自己的一整套民本思想观点，并在力所能及的范围内，轻徭薄赋，整顿吏治，改革法制，取得了积极的效果，在一定范围内、一定程度上避免了阶级矛盾的激化，促进了社会的和谐。

宋皇祐二年（1050），包拯由户部副使提升为天章待制、知谏院。谏院是掌管诤谏的言事机关，与御史台监督朝政得失有相同之处，所以合称台谏。所不同的是，御史台还具有执法性质，谏院则没有这个职能。在知谏院任上，包拯铁面无私，弹劾了包括王逵、李淑、张尧佐在内的一干炙手可热的贵戚、暴吏。其中有权有势的王逵被包拯弹劾最多。王逵在担任荆湖南路转运使时，非法预征数十年的徭役，并令百姓折交现金，害得当地人民逃入山洞，集结起来，进行反抗。后来王逵调任江南西路转运使，仍是目无法纪，继续榨取民财，残酷迫害百姓。包拯知悉后，非常气愤，连续上了两道奏疏弹劾他。但宋仁宗庇护，竟将他升调淮南转运使。包拯十分震惊，再次上疏弹劾。不久，包拯又了解到

* 节选自《江淮文史》2008 年第 4 期，原题为《包拯的民本思想》。

王逵的另一桩大罪。原来王逵任江南西路转运使时，疑心洪州知州卞咸告发他的罪行，就指使人诬告卞咸，制造了一个大冤案，株连五百余人。包拯深恶痛绝，又连上了四道奏疏，弹劾王逵。为说服宋仁宗查处王逵，包拯指出："若命酷吏为之职司，而令一路之民独受其患。是一夫之幸，而一路之不幸也。"包拯七次上疏弹劾王逵，义正词严，铁证如山，宋仁宗也无话可说，最后只好罢免了王逵的官职。

宋代产盐区在西北最主要的是解州（今山西运城西南）盐池，称为解盐，年产七八万斤。宋真宗以来围绕解盐的国家专卖和允许民间买卖，争论一直不断，盐法变来变去。庆历八年，陕西路提点刑狱兼制置解盐使范祥提出新的盐法，核心是允许通商，即打破官方垄断，允许商人在边郡缴纳现钱，购买盐券，凭盐券到解州提取解盐，然后自行搬运，自行销售，所以又称通商之法。通商法试行之初，由于豪绅滑吏的阻挠等种种原因，国家课利反稍亏于前，于是一些大臣乘机在宋仁宗面前大肆诋毁通商之法。皇祐元年，包拯奉皇命赴陕西，与转运司、解盐司共同议定盐法。包拯曾任陕西路转运使，深知榷盐法之害，这次实地考察之后，更确认通商法"于国有利，于民无害"，遂接连三次上疏，极力支持范祥提出的通商盐法，并请求任命范祥为陕西路转运副使，以便通商新盐法的推行。他说："法令有的是先为利而后为害，有的是先为害而后为利，如果恢复往日的官盐专卖之法，虽然一时可得钱万缗，但民力日益困顿，日子长了百姓会深受其苦，免不了还要改回来，这是先为小利最终带来大害。如果允许民间买卖，虽然短期内税收亏损，但逐渐推广开，就成熟了，又免除百姓的困苦，时间越久，好处会看得越清楚，这是先为小亏损而最终获大利。"从而最终说服了宋仁宗，下令"陕西盐法且依范祥擘画，通商放行"。施行新的食盐通商法后，人民再也不用为吃盐而犯愁了，士兵再也不受经年累月的运盐之苦了。乃至到了宋神宗时期，沈括还称赞通商盐法“行之数十年，至今以为利”。

在北宋一朝，按照法律规定，到衙门里告状的人是不能直接到官员面前递交诉状的，而要由下属门牌司来转达，这就使得官吏豪强们有空可钻，竞相狼狈为奸，告状的百姓受到刁难勒索，有冤难申，但敢怒而不敢言。包拯知开封府后，马上撤去了门牌司，让差役将衙门的大门打开，允许百姓直接到公案前陈述递状。这看似无足轻重的一件小事，无论是从广开言路，有助于百姓申冤，维护社会稳定，还是从推动司法公正，严肃法纪上来讲，都是一项十分重要的改革。因此，《宋史·包拯传》里有这样的记载：“包拯立朝刚毅，贵戚宦官为之敛手，闻者皆惮之。”

圣主治世，期于平安，不须符瑞。

——王充《论衡·宣汉篇》

释意：圣主治理天下，盼望天下太平，百姓安乐，并不期待符瑞的出现。

# 范仲淹：先忧后乐*

张念书

范仲淹（989—1052）是北宋的大政治家、军事家、文学家和思想家。他提出的“先天下之忧而忧，后天下之乐而乐”的伟大人生格言，充分体现了他的民本思想。他身体力行，一生以人民、国家利益为重，用实际行动去实践“先忧后乐”的光辉思想，为后人所景仰。

儒家民本思想一贯主张，一个国家，必须具备三个条件：一要人口兴旺，二要经济发展，三要教育发达。作为“大通六经之旨”的范仲淹，做官所到之处，身体力行造福百姓。

天禧五年（1021），范仲淹监泰州西溪盐仓。泰州的海陵、兴化等县，濒临大海，原来土地肥沃，民众生活富足。后来由于海堤多年失修，潮水泛滥，土壤碱化，百姓逃荒异乡的有3000多户。专管盐仓之事的芥蒂小官范仲淹，“越职言事”，立即向任江淮发运使的张纶建议修复捍海大堰。有人反对，以为筑堰之后，将有雨涝之患。张纶是个行家，他说：“涛之患十之九，涝之患十之一，利多弊少。”坚决支持范仲淹的建议，并奏请朝廷以范仲淹为兴化县令，负责修筑海堰。这年范仲淹才34岁。

范仲淹41岁时，出京通判河中府（今山西永济县西）。这里靠近黄河，一河之隔的陕西盛产木材，每年要向京城大量运送，

* 节选自《东岳论丛》1997年第3期，原题为《范仲淹对民本思想的实践》。

◇范仲淹像

成为民众的灾难。早在天圣五年及七年，寿宁观、昭庆宫发生火灾，损失惨重，仁宗声言不再大兴土木。可朝廷又打算建太乙宫、洪福院，要购运94000多根材木。范仲淹闻讯即上书，反对大兴土木“破民产”，并建议每年向陕西征购材木数量要做出规定，只能减少，不能增加，以减轻陕西民众的负担。同时，根据他对河中府河东、河西两县的调查研究，发现郡县设置过密，农民出差劳役过重，侵夺农时，荒废土地，致使民众困穷。他上书请求效法东汉光武帝合并400余县减少吏员十分之九的史实，建议河东、河西两县合并，改变河西县“堪役之家，无所休息”的局面。后来他任参知政事时，裁并郡县也是10项改革措施中的重要内容。他将西京河南府19县并为13县，裁掉大批冗杂官吏，减劳役之人1500多户，使他们回到土地上从事生产。

明道二年（1033），范仲淹由陈州被召回京，任右司谏。该年江淮、京东地区蝗灾旱灾严重，百姓大批流亡。范仲淹上书请求朝廷派人去灾区赈济，但皇帝不予理睬。范仲淹直接面君，质问皇帝说：“宫中半天不吃饭，会怎么样？现在三路地区陷入饥饿之中，应该马上采取措施。”皇帝被问得哑口无言，便委派他去安抚江淮。所到之处，开仓赈灾，毁除淫祀，并报请朝廷蠲免庐州、舒州的折役茶，江南东路的丁口盐钱，减轻民众负担，使灾民得以休养生息。

范仲淹认识到，民以食为天，必须重视农业，保护民力。他在抵御西夏侵扰的战争中，一直主张防御，采取了一些有利于民族团结的措施，让下属为少数民族的百姓解决耕牛和农具，按丁口供给粟米，允许沿边各族群众互相贸易，以通有无。对归附的少数民族以礼相待，加强民族间的友好关系。羌族人民亲切地称他为“龙图老子”，许多羌民供奉他的画像，为他立生祠。

景祐元年（1034）六月，范仲淹徙知苏州，正遇大水，田不得耕，民不得食。他亲自考察苏州河道，提出疏浚方略。反对意见较多，他据理辩驳，上书宰相吕夷简说：“当今之世，有人想为民众做点事，就遭到许多人的非议，倘若朝廷不作主，做事的人不仅无功，反而有过，那么，做地方官的人谁还有心为民做点事呢！”这年冬天，范仲淹部署挖河，常住宿海边，牵动他的心的是十万多户农民，最后终于使苏州东南面的水流入松江，西北面的注入长江，消除了水患，造福于桑梓。

皇祐三年（1051），63岁的范仲淹扶病知青州，正值荒年，灾民入城求食的，几天就有六七千人。青州之田赋，按规定要往博州（今聊城）交纳粮食，来回400余里，老百姓不堪运输之苦。范仲淹大胆改革纳税办法，在青州折价交钱，派人到博州以高于当地的价格收购粮食，几天就买足青州所当交纳的田赋，极大地减轻青州老百姓的负担，从而赢得了青州民众的爱戴，建祠画像供奉。

◇范井

从青年到老年，范仲淹宦迹所到之处，皆以民众疾苦为忧，想方设法为民众直接谋利益。据统计，全国建有范公祠50余处，这应当是范仲淹为民谋利的最好佐证。

范仲淹认为，要“固邦本”，除“厚民力”“重农桑”外，还要兴学办教育，使民众知书达理，出现更多的人才。重教育是他民本思想的一个重要方面。他做苏州太守时，在南园买一地，本来打算安家，阴阳先生说是宝地，世代出公卿。范仲淹说：“在这里安家，只我一家贵，不如在这里办学校，让天下人都在这里受教育，让更多的人出人头地。”郡学落成之日，许多人认为太大。他说：“将来我担心还嫌小呢！”不难看出，范仲淹办学校，是想培养更多的人才，体现了孔子教育思想中最光辉的一点，即“有教无类”。在范仲淹看来，国家之患，在于人才缺乏，而培养人才则在于学校。

# 郑板桥的民本思想与他的务实为民 *

张树俊

郑板桥（1693—1765），原名郑燮，字克柔，号板桥，江苏兴化人。郑板桥是我国清代著名书画家，也是历史上颇受百姓拥戴的好官。在郑板桥的管理思想中最为突出的就是他的民本思想。郑板桥的爱民情结较重，在范县、潍县当了 12 年县令，他时时把百姓放在心上，深入百姓之中，了解百姓情况，倾听百姓心声，真心实意地为民兴利除弊。尽管他所担任的仅是小小的县令，但他为救民、安民作出了杰出的贡献，所以有政声，有美誉。

## 一、去浇存厚与以善为政

郑板桥常用“德泽”，意思是为官者当泽加于民而言。如何泽加于民，郑板桥的基本思想是为政以善，仁和于民。为政以善，仁和于民，就要不忘古人之教诲：“一乡之善，友一乡。一国之善，友一国。天下之善，友天下。”郑板桥希望通过遍野仁风，而使“渔者以渔，耕者以耕”。所以他在任县令期间，采取积极轻徭薄赋，讼简刑轻，与民休息措施，使百姓安居乐业，郑板桥也由此受到百姓的拥护。

* 节选自《岳阳职业技术学院学报》2012 年第 1 期，收录时有删节。

为政以善，仁和于民的基础是“善”。郑板桥认为，那些“不仁不智，无礼无义，无复守先待后之意”的秀才，在孔子面前是有罪的。那么如何为“善”呢？为善，在家要讲孝道。郑板桥是一个很重孝道的人，他不仅对自己的父母、长辈们十分尊敬，对别人的父母也很尊敬。郑板桥对那些“十年商贾向南国，父死无归直到今”等不行孝道的人也进行了无情的批评。为善，就必须尊重生命。他认为世间一草一木，一虫一蚁，都有生命，都应当“休天地之心以为心”，善待万物。当然“万物之性人为贵”。也就是说，人的生命最为重要。为善，要讲仁爱。讲仁爱的人一言一行都要设身处地，为人着想。郑板桥就是一个善于为人着想的人。如他烧掉家中奴仆过去所签下的卖身契。此外，为善，还要有一种包容之心。

◇郑板桥画的竹

郑板桥任范县、潍县县令时，能够获得“有政声”“有惠政”的赞誉，就是因为他对百姓有一颗宽和之心。为官任上，应该说郑板桥执法是严格的，但强调执法的宽和性，提倡少下狠手。他反对杀戮，反对用重刑，用他的话说，对待民众应该“扇得和风好好吹”。这个“和风好好吹”并不是说可以放纵违法之人，而是强调做事要适度，要顺应“天道”，凡事都要不可做绝。对于社会治理，郑板桥主张用“刚中”的方法消融矛盾，适可而止，以免极端化。

此外，郑板桥还认为，为政以善，仁和于民，作为官员必须站好立场，心存正义，审案断案不能错断枉判。同时，在郑板桥审案断案的过程中，要关注百姓的利益，关心弱者，支持弱者，帮助弱者。在实际审案断案的过程中，郑板桥不仅注重“惩恶扬善”，而且有时候甚至采用“杀富济贫”的方式，为百姓争得利益。总的来说，郑板桥强调为政以善，仁和于民，强调正义，强调民生，这些思想是积极可取的。

## 二、以民为本与为政为民

应该说，以民为本与为政为民是郑板桥为官的基本理念。这种理念在他的书信和文艺作品中到处体现。如就文章而言，他认为，文章有两类，即大乘法与小乘法。凡关心国事、体恤民情、关系社稷民生之计的文章就是大乘法；而与生民之命无关的靡丽之作或私家文章，就是小乘法。简单地说，大乘法就是“忧国忧民”，小乘法“忧己忧私”。“大乘法易而有功，小乘法劳而无谓”。郑板桥认为，杜甫“其诗信当时，传后世，而必不可废。”因为杜甫的诗多是大乘之作，所以郑板桥对杜诗作出了高度评价，并将其引为同道。郑板桥在其《悍吏》《私刑恶》等诗中，对无人性的酷吏进行无情的抨击，都体现了郑板桥对民众的关注，也是他民本思想的一种体现。

在实践中，其为官理念首先表现为对民情的关注。他有一首最为著名的题画诗，诗曰：“衙斋卧听萧萧竹，疑是民间疾苦声，些小吾曹州县吏，一枝一叶总关情。”他听到风吹竹林的声音，就想到黎民百姓的疾苦，可见他对百姓的关怀之切。郑板桥为森严的等级制度使得民与官之间产生了梗阻而愤恨。所以他一改封建“常规”，不搞排衙役喝道，“芒鞋问俗”，深入农村、集市，访贫查幽。对此郑板桥自己也有描述：“关心民瘼尤堪慰，麦陇青葱入望中。”在下访的过程中，老百姓给他端一杯白水，他都感到愧对百姓。郑板桥的《抚孤行》《逃荒行》《还家行》《孤儿行》《后孤儿行》等诗均是他对民情访问与观察的结果。

在实践中，其为官理念还表现为兢兢业业，为民兴利除弊。郑板桥为官 12 年，爱惜民力与课育生民，这种重民精神深得百姓拥护。《兴化县志》上也说，郑板桥“知范县，爱民如子，绝苞苴，无留牍，公余辄与文士觞咏，有忘其为长吏者。”郑板桥有如此赞誉，主要是因为爱民不在嘴上，关键是落实到了行动上。如他在痛恨一些官员见灾不救的同时，采取积极可靠的措施，为民兴利除弊。为了能够减轻百姓的一些负担，有时他甚至用自己的薪水替百姓完税。在灾荒时期，郊板桥采取以工代赈的办法，大兴工役，修城凿池，招徕远近的饥民，就食赴工。他还发动有钱的财主出资修城，令大户豪绅煮粥布施。在日常生活中，郑板桥对于生活艰难的老人格外抚慰，对于失去亲人的孤儿格外关心，对于寒门学子给予资助，等等。郑板桥的这些具体的救民措施和务实行为，正是他民本思想的真正体现。为此，叶衍兰等人称他“在任十二年，囹圄囚空者数次。”可见他以民为本之功绩。

## 三、农夫第一与田耕情结

郑板桥农民意识较为浓厚，把农民的地位看得很高。在“四民”之中他最重农夫。在范县与潍县任上，他一直对农村、农业生产和农民都十分关心，深入百姓了解农民春耕夏耘、秋获冬藏以及生活等各个方面的情况，了解百姓对“吏扰”的反映。

郑板桥之所以说“农夫第一”，是因为农夫肩负着耕种收获，以养天下之人的责任。他说：“农夫……耕种收获，以养天下之人。使天下无农夫，举世皆饿死矣。”他对牛郎织女的评价是，“织女，衣之源也。牵牛，食之本也。在天星为最贵。”所以人间更应当重农。在郑板桥的《后种菜歌》《喜雨》等诗词中，重农思想表现得也较为明显。郑板桥描写农夫耕种的句子也特别鲜活。如“村村布谷催新绿，树树斜阳送晚凉。多谢西南云一片，顿教霖雨遍耕桑。”等等。郑板桥的重农思想还表现在他的家庭管理中。如他在与郑墨的书信中再三强调家人重农爱农，养成勤俭习惯。

郑板桥之所以说“农夫第一”，也因为他认为农夫最为劳苦。郑板桥从小生活在农村，对农民的苦难有较为深刻的了解。加之他当上县令以后，又经常深入农村与农民直接接触，所以他了解农民的艰苦。郑板桥写了不少农民苦的诗，如《范县诗》中就有许多写农民苦的。尤其是他的《田家四时苦乐歌》，对农民春夏秋冬的四时之苦进行了较为详细的描述。正由于农夫苦，所以郑板桥念念不忘生活在贫困线上的农民，并极力主张“怜悯”“周全”“宽让”地对待农民。同时，郑板桥也强调注意维护农民的利益。在县令任上，他经常为农民喊冤叫屈，替他们说话，维护他们的利益。他反对剥削兼并，不肯侵吞农民的土地。比如他交待堂弟郑墨：如果农民赎回了他家原有的典产田，就买两百亩田，依古代“一夫受田百亩”之义，不可再多。如果“贪求无厌，穷民将何所措足乎”！

（作者系中共泰州市委党校原副校长）

# 林则徐：用民心、恃民力*

刘冠森

林则徐以虎门销烟中表现出的强烈爱国主义精神，成为近代中国的民族英雄。在民族危亡之际，他审时度势，正视西方国家的挑战压力，以恃民兴邦、恃民保邦为己任，以爱国的开明的民本思想实践留芳青史。

“用民心，恃民力”，林则徐重视人民生活，注意顺民情，应民心，“知民情向背而顺导”。他的“民唯邦本”思想，体现在以下几方面：

一是在反侵略的民族斗争中，他坚信“民心可用，民力可恃”，发动和组织民众武装反侵略，卫国保家。定海失陷后，林则徐把依靠民众的重点从水勇转向全体居民，并且明确在定海城外广阔乡村的战略空间发动城乡民众同敌人展开一场敌寡我众的人民战争，禁烟杀敌。

二是解民疾苦，身系民众。他历官 14 省，从小官做至封疆大吏，每到一地察访吏治，关心民疾，对苛政、天灾重压下的百姓有着深切的同情，并设法施仁政，解民困。林则徐认为，“下恤民生正所以上筹国民”。1833 年江苏大水，哀鸿遍野，而道光帝却下旨严斥林则徐等征赋不力。林则徐为了救民于水火，冒着“独任其咎”的风险上奏，终使道光帝同意缓征。

---

* 节选自《理论界》2006 年第 5 期，原题为《林则徐民本思想简论》。

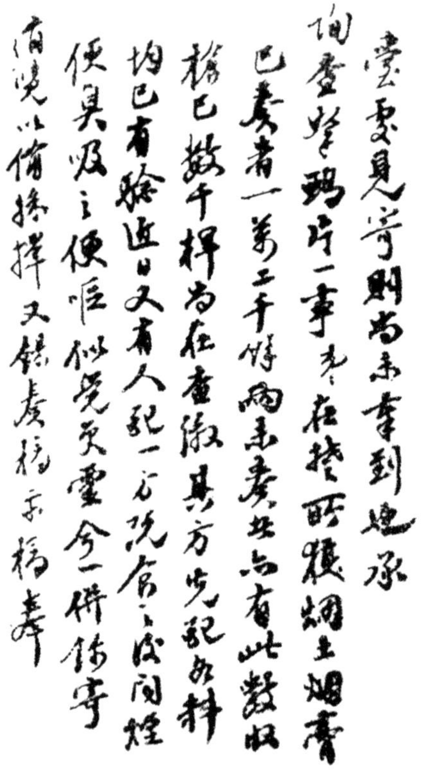

◇林则徐给友人的关于禁烟、戒烟的书信

三是为着国计民生，爱民如子，为民办实事。林则徐无论是在任还是遭贬都尽其所能地扶持漕运、盐法、水利、农业等关系国计民生的事务。他被发配新疆，走到河南时正遇上黄河发大水，他用了一年左右的时间修堤坝、治水，最终成功地防治了黄河水害。他继续西行，从兰州到伊犁一共走了三个月，到伊犁的第二天就登山观水情，后来在伊犁开垦荒地、屯田。他在南疆期间，亲见维吾尔族“村村绝少炊烟起”“穷户仅开三尺窦”的窘境，发出“穷边鸿雁倍堪怜”的感叹。为了改变这种贫困落后的状况，林则徐以花甲之龄，踏遍南疆，往返三万里，查勘垦田 37000 余顷，并大力发展水利，推广先进农业技术。他到吐鲁番，修造了吐鲁番的坎儿井，被当地人称为“林公井”。

四是林则徐注重实践，讲求实效。他曾多次领导治水工程，经常不避风雨，出入施工现场，穿着便服徒步于泥泞之中。他迥异于高高在上的官僚，深入各种事务现场，了解真实情况，抓住症结所在，解决实际问题。“无一事不尽心，无一事无良法”，为人称赞。

五是以海纳百川的气度和改革弊政的目的，求强国富民之路。当英国人用近代科技装备的舰队直叩中国大门时，最先警觉起来并开始重视了解西方的，是林则徐。他力主抗英但不盲目排外，在严禁鸦片走私的同时，保持与外国守法商人正常的贸易关系。他组织人员大量翻译外文书报，广泛探求西方知识，开创了认识世界的新风尚。

◇林则徐像

六是林则徐以其廉洁的为官、做人为他的民本思想增光添色。林则徐在为官生涯中，他所担任的职务，很多是一般官吏求之不得的肥缺。作为位高权重的钦差大臣，他赴任前发出传牌，公示了自己的廉政准则：沿途饮食住行，一切自行办理，不准打扰地方；轻车简从，不讲排场，不搞迎送。在被贬去新疆途中，至西安时，他夫人走不动了，他就一个人走，没有骡马车行。走到兰州时，他写了《赴戍登程口占示家人》一诗：

力微任重久神疲，
再竭衰庸定不支。
苟利国家生死以，
岂因祸福避趋之？
谪居正是君恩厚，
养拙刚于戍卒宜。
戏与山妻谈故事，
试吟断送老头皮。

其中，“苟利国家生死以，岂因祸福避趋之”一句被后人传诵。

# 孙中山："天下为公"*

王春南

孙中山平生最喜欢题写的内容，可能莫过于"天下为公"。据统计，在孙中山的题词中，"仅目前所辑得的有受主姓氏的"，"天下为公"就达32件，其中有赠冯玉祥的，有赠张学良的。孙中山对"天下为公"情有独钟，这是他提倡和实行三民主义所企望达到的境界，或许可以这样说，他的理想，他的目标，他的思想体系的基本精神，都浓缩在"天下为公"这四字之中。

## "天下为公"的出典

1924年，孙中山在《三民主义》中提出："真正的三民主义，就是孔子所希望之大同世界。"孔子向往的"大同"世界，即指《礼记·礼运》中所描叙的理想社会："大道之行也，天下为公"。在这个社会里，"老有所终，壮有所用，幼有所长，鳏寡孤独废疾

* 选自《北京日报》2003年3月24日，原题为《解读孙中山"天下为公"》。

者皆有所养”，“货恶其弃于地也，不必藏于己；力恶其不出于身也，不必为己”。这就是所谓“大同”。《礼运》篇托名孔子撰作，其实是战国末期或秦汉之际学者所编纂。它反映的是以孔子为创始人的儒家学派的政治理想和对未来社会的憧憬。孙中山“天下为公”的思想，其源头便在此。但孙中山的“天下为公”思想与儒家的“天下为公”思想有很大的不同，前者带有孙中山所处那个时代的印记。它不但吸收了儒家思想的精华，而且融入了中国古代的平等思想，西方资产阶级民主主义思想，以及当时流行的社会主义理想。

## 孙中山眼中的“天下为公”

“天下为公”的“公”字，照东汉经学家郑玄的解释，即是“共”的意思。“天下为公”，也即天下是全天下人共有的天下。到了孙中山那里，“天下为公”蕴含的内容更深邃，更宽广。他说：“我们三民主义的意思，就是民有、民治、民享。这个民有、民治、民享的意思，就是国家是人民所共有，政治是人民所共管，利益是人民所共享。照这样的说法，人民对于国家不只是共产，一切事权都是要共的。”一个“共”字，涵盖面是那么大，“国家”“政治”“利益”都在它的笼罩之下。国家为“人民所共有”，政治为“人民所共管”，所得的国家利益为“人民所共享”。

在孙中山的理想中的未来社会里，做国家主人的是全体人民，管理国家大事的是全体人民，享受平等幸福的是全体人民：“真正以人民为主”；“四万万人都有主权来管理国家的大事”；没有贫富悬殊和少数富人压迫多数穷人的不合理情况，全国人民“生活上幸福平等”。“民有”“民治”“民享”完全实现，确实做到了古人说的“公天下”。孙中山满怀信心地对世人说，他理想中的未来社会，有欧美国家资本主义经济的繁荣，而没有欧美国家资本主义发展必然带来的种种弊端，以及阶级对抗和社会动荡。孙中山描绘的改造和建设中国的蓝图，当时确实使很多人怦然心动，并成为那个时代中国人民的奋斗目标。

## 实现“天下为公”的途径

孙中山力图通过实行三民主义，做到“公天下”。他主张实行民族主义，即实行民族革命，推翻满洲贵族的统治，恢复中华，把一家一姓的天下变成“公天下”。并在清王朝覆亡之后，继续进行民族革命，反对官僚、军阀的专权，把官僚、军阀的天下，变成人民的天下。同时将国内各民族融合成一个很文明、很强大的统一中华民族，以便抵抗帝国主义列强的压迫，从列强手中夺回失去的土地和利权，使中国成为独立、富强的国家。

他主张实行民权主义，即实行政治革命，“打破旧专制，提倡共和，建设一个新民国”。在这个“真中华民国”里，奉行主权在民、以民立国。辛亥革命以前，孙中山所说的民权是间接民权，国民只有选举权这一项权利，不能直接行使主权，而要由别人即代议士代为行使主权。辛亥革命以后，孙中山借鉴瑞士的办法，主张实行直接民权制。在这种制度下，国民有四大权利，即选举权、复决权、创制权、罢官权。孙中山说：“人民而有此四大权也，乃能任用官吏，役使官吏，驾驭官吏，防范官吏，然后始得一国之主而无愧色也。”但孙中山又说，要把“权”与“能”、“政权”与“治权”分开。简单地说，就是有权的人，不要直接管事，可以委托有才能的人去管。他说：“讲到国家的政治，根本上要人民有权；至于管理政府的人，便要付之于有能的专门家。”而且要把受人民委托管理政府的专门家看作是普通人，即使是民国的总统、总长，也要把他们看作普通人。至于“政权”和“治权”分开的问题，孙中山是这样解释的：“要把国家的政治大权分成两个，一个是政权，要把这个大权完全交到人民的手内，要人民有充分的权利可以直接去管理国事。这个政权，便是民权。一个是治权，要把这个大权完全交到政府的机关之内，要政府有很大的力量治理全国事务。这个治权，便是政府权。”孙中山设想得很好，真正实行起来未必简单。人民把管理政府的大权交给“有能的专门家”以后，既要放手让他们行使职权，又要监督他们，防止其反仆为主，公仆变老爷，这事谈何容易。

他主张实行民生主义，即实行社会革命，以防止资本主义的弊端。辛亥以前，孙中山提出了“平均地权”。“平均地权”即土地“单一税制”，具体办法就是让地主自报土地价格，以后国家按地主自报的土地征收土地税；国家征用地主土地，也按地主自报地价收购。土地因交通发达涨价的部分，当归国家。孙中山说，“这于国计民生，皆有大益。少数富人把持垄断的弊窦自然永绝，这是最简便易行之法”。但他所主张的“平均地权”，只适用于“宅地”，不适用于“耕地”；只适用于城市及近郊，不适用于广大农村。孙中山晚年虽然提出了“耕者有其田”的主张，但对如何使无地和少地的农民获得土地，没有提出具体、可行的方案。而且这种主张不很现实。孙中山既想在中国发展资本主义，又想用抑制资本主义发展的办法，防止其必然伴随的弊害，这是他思想上的一大矛盾。辛亥革命以后，孙中山又提出了“节制资本”的主张。他说，在欧美国家，资本为少数人所垄断，经济问题的解决，百十倍烦难于政治问题。中国当以欧美前车之覆为鉴。中国要及早预防即将出现的大资本家垄断资本。办法是由国家掌握经济命脉，以国家之力发展经济，造福全社会。孙中山认为，这种做法体现了社会主义精神。他把民生主义或称作社会主义，或称作国家社会主义，或称作集产社会主义，或称作共产主义。他的民生主义，也确有苏俄经济体制和政策（孙中山称为“共产制度”“国家资本制度”）的影子。

孙中山深知，为实现“天下为公”，必须跟以天下为私的人作斗争。他指出：“共和国家，人民是国家的主人，官吏是人民的公仆。民国成立十年，那些公仆太坏了，把中国搅得不成样子……”孙中山所说的搅乱民国的所谓“公仆”，指的是袁世凯、张作霖、曹锟、龙济光等人，这些官僚、军阀把军队当作私有，把政权当作私有，把国家当作私有。所以他说：“以后不用革命精神来改造民国，再没有别的希望。”对于全国统一、革命党成为执政党之后，将会出现的腐败现象，孙中山不会没有预料。他曾设想，采用外国的行政权、立法权、司法权，加上中国的考试权和监察权，造成一个“五权分立”的政府。据他说，有了这样“最完全、最良善的政府”，就可以“防止一切的流弊”，“做到民有、民治、民享的国家”。但是，“五权分立”到底能解决多大问题，实在是很难说的。

孙中山为实现“天下为公”而奋斗了一生。虽然直到他逝世，民国依然是一块假招牌，但他为实现“天下为公”而作的种种尝试和努力是有益的。今天的时代跟孙中山所处的时代已根本不同，但孙中山的“天下为公”的题词依然激励着中国人民。自然，“天下为公”有了新的时代内涵。

大约有关商民生计者，但以“为民请命”四字与之朴实说去，始终不移。

——曾国藩与李鸿章书

释意：大约有关国计民生的，只从“为民请命”四个字朴实地解说，始终不移。

# 三、一脉相承

# “为人民服务”的源与流*

尤国珍

## “为人民服务”的提出与确立

1944年9月，毛泽东在中央警备团追悼张思德的演讲中指出，我们共产党“完全是为着解放人民，是彻底地为人民的利益工作的”。“因为我们是为人民服务的，所以，我们如果有缺点就不怕别人批评指出。”这是毛泽东在公开场合第一次提出“为人民服务”。这次著名的演讲，后来收入《毛泽东文选》第三卷时被定名“为人民服务”。

其实，毛泽东的“为人民服务”思想由来已久。1939年12月，他在《纪念白求恩》一文中就明确提出了共产党员应该做什么人的问题，号召每个共产党员都要学习白求恩毫不利己专门利人的精神，学习他对人民的极端的热忱。毛泽东指出：“一个人能力有大小，但只要有这点精神，就是一个高尚的人，一个纯粹的人，一个有道德的人，一个脱离了低级趣味的人，一个有益于人民的人。”

提出“为人民服务”思想之后，毛泽东等中央领导又多次予

---

* 节选自《前线》2012年第10期，收录时有删节。

以强调、深化，使之最终成为党的根本宗旨。1944 年 10 月 4 日，毛泽东在看望解放日报社和新华社工作人员时指出，无论自己从事什么工作，要想把自己的工作做好，都要全心全意为人民服务。这是他第一次提出“全心全意为人民服务”，也是对“为人民服务”思想的完善。毛泽东说，为人民服务，不能三心二意，一定要全心全意。后来，他在陕甘宁边区召开的多次会议上反复强调了树立为人民服务思想的重要性。

1945 年 4 月，抗日战争处于接近胜利的时节，我们党召开了第七次全国代表大会。在这次大会上，中央把“为人民服务”的思想进行了升华。4 月 23 日，毛泽东在七大上致开幕词。他说：“我们应该谦虚，谨慎，戒骄，戒躁，全心全意地为中国人民服务。”随后，他在七大政治报告——《论联合政府》中强调：“我们共产党人区别于其他任何政党的又一个显著的标志，就是和最广大的人民群众取得最密切的联系。全心全意地为人民服务，一刻也不脱离群众；一切从人民的利益出发，而不是从个人或小集团的利益出发；向人民负责和向党的领导机关负责的一致性；这些就是我们的出发点。”

经过七大代表认真讨论，“全心全意为人民服务”被写入《中国共产党章程》。七大通过的党章明确规定：“中国共产党人必须具有全心全意为中国人民服务的精神，必须与工人群众、农民群众及其他革命人民建立广泛的联系。”在党员四项义务中，就有一项是“为人民群众服务，巩固党与人民群众的联系，了解并及时反映人民群众的需要，向人民群众解释党的政策”。

至此，“为人民服务”思想的重要地位在党内正式确立。

# “为人民服务”的拓展与深化

新中国成立以后，“为人民服务”思想得到了拓展和深化。

1956年9月，党的第八次全国代表大会通过的党章于此进一步细化。新党章指出：“每一个党员都应当理解党的利益和人民利益的一致性，对党负责和对人民负责的一致性，都必须全心全意地为人民群众服务，遇事同群众商量，倾听群众的意见，关心群众的痛痒，尽力帮助群众实现他们的要求。”同年11月，邓小平在回答国际青年代表团提出的问题时鲜明地阐述了中国共产党员的含义。他说，中国共产党员的含义就是两句话：一是全心全意为人民服务，二是以人民利益作为每个党员的最高准绳。

邓小平继承了党的第一代中央领导集体倡导的实事求是的思想路线，1979年11月2日在中央党政军机关副部长以上干部会上作《高级干部要带头发扬党的优良传统》的报告，强调了同群众保持密切联系的重要性。他说，我们党的优良传统之一就是密切联系群众。“过去领导同志到一个单位去，首先到厨房去看看，还要看看厕所，看看洗澡的地方。现在这样做的人还有，但是不多了。很多同志根本不去同群众接触。”“我们的历史经验是，越是困难的时候，越要关心群众。只要你关心群众，同群众打成一片，不仅不搞特殊化，而且同群众一块吃苦，任何问题都容易解决，任何困难都能够克服。”邓小平把关心群众与党的密切联系群众的优良作风相结合，丰富了党的“为人民服务”思想。

1982年9月，党的十二大通过新党章，全心全意为人民服务成为中国共产党领导人民实现社会主义现代化的三项基本要求之一。1992年，邓小平发表南方谈话，提出了社会主义本质论和“三个有利于”标准，再次丰富了“为人民服务”的内涵。他说，社会主义的本质就是解放生产力，发展生产力，消灭剥削，消除两极分化，最终达到共同富裕。而衡量和判断各方面工作的标准是“三个有利于”，即主要看“是否有利于发展社会主义社会的生产力，是否有利于增强社会主义国家的综合国力，是否有利于提高人民的生活水平。”这就使“为人民服务”思想找到具体落实之所——提高人民生活水平。

## “为人民服务”的丰富与完善

以江泽民为核心的第三代中央领导集体和以胡锦涛为总书记的党中央继承并发展了“为人民服务”思想，使其在新时期得到了新发展。

1992年10月，江泽民在党的十四大报告中指出：“每个党员都要牢记，在任何时候、任何情况下，都必须全心全意为人民服务，坚持理论联系实际、密切联系群众和自我批评的优良作风。”2000年2月，江泽民在广东省考察时说：“我们党所以赢得了人民的拥护，是因为我们党在革命、建设、改革的各个历史时期，总是代表着中国先进生产力的发展要求，代表着中国先进文化的前进方向，代表着中国最广大人民的根本利益。”这样，“为人民服务”思想的落脚点进一步发展为“代表最广大人民群众的根本利益”。

党的十六大以来，胡锦涛等中央领导进一步丰富和完善了“为人民服务”思想。2002年12月，胡锦涛在西柏坡考察时指出，各级领导干部要坚持深入群众，关心群众的疾苦，做到“权为民所用、情为民所系、利为民所谋”。这“权”、“情”和“利”都围绕着“民”，无疑是新时期“为人民服务”思想的重要提升和发展。

总之，在 90 多年的奋斗历程中，“为人民服务”思想不仅使中国共产党区别于其他政党，更帮助我们党带领全国人民不断取得革命、建设和改革开放的伟大胜利。党的十八大报告提出：要“坚持以人为本、执政为民，始终保持党同人民群众的血肉联系。”在未来的道路上，党员在任何时候都应该把人民利益放在第一位，始终与人民心连心，同呼吸，共命运，始终依靠人民推动历史前进。

（作者系北京市社会科学院马克思主义研究所所长、研究员）

# 邓小平理论是为人民服务的理论*

傅治平

十五大报告中评价邓小平说："他把毕生的心血都献给了中国人民，一切以人民的利益为出发点和归宿。他对党、对人民、对马克思主义的最大的贡献，他留给我们的珍贵遗产，就是邓小平理论。"纵观邓小平一生，不管在身处逆境时，还是身居领袖地位时，他始终把自己当作中国人民的儿子，始终把人民的疾苦放在心里。而在他对建设有中国特色的社会主义道路的探索中，更是把人民和人民利益放在第一位。

## 关切人民，把人民利益作为一切工作的出发点与归宿

中国特色社会主义，把逐步提高人民生活水平放在首位，并作为制订一切方针政策的起点与归宿，作为贯穿一切工作的指导思想。这一点是与马克思主义经典著作的思想一脉相承的。马克思与恩格斯在《共产党宣言》中宣称，共产党人"没有任何同整个无产阶级和利益不同的利益"，"为工人阶级的最近的目的和利益而斗争"。毛泽东把"为人民服务"作为中国共产党的行动宗旨，提出"一切从人民的利益出发"。对于马克思主义的经典著作

* 节选自《中央社会主义学院学报》2001 年第 1 期，收录时有删节。

的人民思想，邓小平是深有领会的，早在1956年，邓小平在《关于修改党的章程的报告》中就强调“党的全部任务就是全心全意地为人民群众服务”。1983年他同国家计委、国家经委和农业部门负责同志谈话时指出：“各项工作都要有助于建设有中国特色的社会主义，都要以是否有助于人民的富裕幸福，是否有助于国家的兴旺发达，作为衡量做得对或不对的标准。”他认为，“不要光喊社会主义的空洞口号，社会主义不能建立在贫困的基础上”，贫穷不等于社会主义，只有让人民富裕，才能体现社会主义制度的优越性。

1992年他在视察南方的重要谈话中，进一步把自己的观点归纳成“三个有利于”，即“是否有利于发展社会主义社会生产力，是否有利于增强社会主义国家的综合国力，是否有利于提高人民的生活水平”。这“三个有利于”，既是判断、衡量一切是非的标准，也是制定一切方针政策的前提。而对“三个有利于”不断实践的结果，则将最大限度满足人民不断增长的物质和精神需要。所以，对于改革开放以来，我们国家根据邓小平理论制定的方针政策，很多时候被广大群众称赞为“富民政策”。十五大制定提出的经济改革和发展的目标和任务，就是用邓小平理论指导，并贯穿了邓小平理论的人民思想的一个“反映人民的根本利益，要依靠人民的积极性和创造精神，依靠人民的艰苦奋斗来实现”的中国跨世纪发展的行动纲领。

“天地之间有杆秤，那秤砣就是老百姓”。党和政府的一切实践活动是在人民中进行的。哪些顺乎民心，哪些违背民心，人民感受最深，人民作出的评价也就最合乎客观标准。所以，党和政府所进行的以及即将进行的每一件事，都应该也必须由人民这个评判员去检验、评价。人民拥护、赞成与高兴的事情，我们就一往无前、义无反顾地去做，反之，则坚决不做。

## 领导就是服务，把党政领导定位于人民公仆的位置

邓小平早在党的八大就指出：“党是人民群众在特定历史时期为完成特定历史任务的一种工具。”而在新的历史条件下，他多次强调“领导就是服务”。为谁服务？就是为人民服务。按照邓小平对领导干部的定位，全体领导干部扮演的都应该是“人民公仆”这个角色，人民赋予他们的权力也只能用来为人民服务，为人民谋利益。干部手中的权力只是一种公仆的责任和义务，而不是向人民索取私利的资本。他要求领导干部“越是困难的时候，越要关心群众。只要你关心群众，同群众打成一片，不仅不搞特殊化，而且同群众一块吃苦，任何问题都容易解决，任何困难都能够克服。”也就是说，领导干部只有放下当官做老爷的架子，把自己定位于人民公仆这个位置，才能真正为人民服务，否则，为人民服务只会成为一句空洞的口号。

事实也如此，党政领导只有在自己的岗位上勤勤恳恳、扎扎实实地为人民服务，为政清廉而又为政勤勉，才能扮演好公仆角色，才能在党和人民群众中架起一座连心桥，才能把党和国家的政策方针准确无误而又及时地送到人民群众中去，同时又把人民的疾苦、需要及时带回来。让党和国家了解人民的需要，让人民理解国家的难处。而只有通过这样的服务，才能把群众紧紧地连接在党和政府的周围，团结在自己的身边，同心协力建设现代化。所以，邓小平谆谆告诫，党和政府只有紧紧地依靠群众，密切地联系群众，随时听取群众的呼声，了解群众的情绪，代表群众的利益，才能形成强大的力量，顺利地完成自己的各项任务，使党领导的伟大事业获得成功。

## 还权于民，把人民视为真正的历史创造者

真正的马克思主义者有一个共同的特点：自始至终坚持唯物史观，把人民当作历史的创造者，当作时代的真正英雄。邓小平在继承马克思主义的基础上，对这个观点作了进一步的发挥。不仅尊重群众的首创精神，还想尽办法，最大限度地激发人民进行两个文明建设的积极性，使人民成为真正的社会主人。

农村联产承包责任制兴起之初，许多领导干部对此有不同看法，持不同态度，邓小平坚决果断地予以支持，这一改革使农村发生了历史性的变化。对此，邓小平却把功劳写在广大人民身上，他说："农村搞家庭联产承包，这个发明权是农民的。农村改革中的好多东西，都是基层创造出来，我们把它拿来加工提高作为全国的指导。"当乡镇企业迅速崛起，邓小平在总结乡镇企业的发展经验时，认为乡镇企业大军突然冒出这样一个效果，不是中央的功绩，而是中国农民的创造。而由于邓小平对乡镇企业的积极支持，使乡镇企业发展成为农村经济的重要组成部分。邓小平尊重群众的首创精神，突出表现在把群众首创的主动权交给群众。走群众路线，当然应该倾听群众的呼声，关心群众的疾苦，而更高的境界，是把权力还给人民，让人民成为自立自主的社会主人。邓小平领导我党所进行的一切实践，都能充分体现出这一点来，从农村到城市的经济体制改革中，他都力图给人民松绑，让人民有充分的自主权利，能够放开手脚创造自己的新生活。早在20世纪60年代初过苦日子的时候，当一些地方创造了包产到户、责任到田、五统一等生产形式时，邓小平就明确表示："哪种形式在哪个地方能够比较容易比较快地恢复和发展农业生产，就采取哪种形式；农民愿意采取哪种形式，就应该采取哪种形式，不合法的

使它合法起来。”而恰恰是对人民的放权，赢得了人民更大的拥护，使国家获得飞速的发展，使人民尽快摆脱贫困。

回顾改革开放以来邓小平领导进行的两次思想解放运动，实际上可以视为是把社会权力还给人民的解放运动。第一次思想解放运动，破除个人崇拜，让人民找到自己存在的价值；第二次思想解放运动，建立市场经济机制，而市场机制则是让每个人能够充分发挥自己潜能的活力机制，它给每个人提供了极大的自由活动的空间，更有利人民争取自己的社会利益。

## 实事求是，在为人民服务的实践中形成理论特色

邓小平理论的生命力，体现在为人民服务的实践中。而邓小平理论的人民思想也就在为人民服务的实践中形成。邓小平成为党的核心领导人之后，带领全党、全国人民进行一系列的改革开放实践时，并不曾想到要创立一种什么理论，而是在带领中国人民走向富裕的道路上，结合中国的特殊国情，自觉地把马克思主义运用到他进行的实践中，并进行了一些有效的创新。恰恰是这些创新的实践丰富了马克思主义，成了马克思主义在现时代的新的发展，而对中国现实问题的解决，也就自然而然形成了一整套新理论体系。邓小平有一句名言：不管白猫黑猫，抓住老鼠就是好猫。这是对他创立的理论的最好注脚。这说明，邓小平理论不是空洞的理论，而是有很强的实践性，而其实践性又主要体现于解决中国的现实问题，特别是解决中国人民的现实生活问题上。邓小平一贯提倡“少说空话，多干实事”，他的理论也不是空洞的理论，而具有很强的实践性。认真研读邓小平的著作，也许有人认为理论性不强，其中一些文章主要是针对改革开放中出现的一些问题而作的讲话。这又恰恰说明：邓小平理论是在回答、解决

中国现实问题的过程中产生的。而中国现实问题中最重要的一个问题，便是如何提高人民的生活水平。

尽管有人认为邓小平同志的一些文章都是对实践工作的指导，而这些指导实践的文章都能上升到理论。邓小平一再强调任何真理都必须经过实践检验，他的从实践中产生又经过实践检验的理论，便是指导当代中国进行社会主义现代化建设实践的真理。

一种社会理论的形成，最深厚的基础是人民，即能被最广泛的人民群众所接受的理论，就会具有强大的生命力，就能获得最大的发展。邓小平理论根植于人民土壤，为人民说话，为人民利益而实践，因此，他的理论能够成为现代中国的活的马克思主义，成为坚持为人民服务宗旨的共产党的光辉旗帜。

（作者系中共海南省委党校教授、国务院特殊津贴专家）

# “三个代表”——为人民服务思想的延伸与发展*

杨国林

以江泽民同志为核心的党的第三代中央领导集体，集全党的智慧，创立了“三个代表”重要思想，把为人民服务思想融入了时代精神，将其理论体系提升到新的高度。“三个代表”重要思想坚持马克思主义关于无产阶级政党必须植根于人民的政治立场，注重从人民群众的实践中汲取养分，为坚持马克思主义的群众观点，不断实现最广大人民的根本利益提出了新的理论要求，对为人民服务思想的内涵，进行了新的充实与发展。

这些新的理论观点包括：1. 马克思主义政党的一切理论和奋斗都应致力于实现最广大人民的根本利益；2. 必须以最广大人民的实践为理论创新的源泉，以实现最广大人民的根本利益为理论创新的目的；3. 要坚持以兴国为己任、以富民为目标，走适合中国国情的社会主义发展之路，使经济更加发展、民主更加健全、科教更加进步、文化更加繁荣、社会更加和谐、人民生活更加殷实，不断促进人的全面发展，使为人民服务的总目标更加宽泛；4. 始终把发展作为党执政兴国的第一要务，把创新作为党必须长期坚持的治党治国之道，把不断改善人民生活作为处理改革发展稳定关系的重要结合点；5. 只有不断解放和发展生产力，增强国家的经济实力，才能为建设中国特色社会主义文化和实现人民群

---

* 节选自《天津成人高校联合学报》2004 年第 1 期，收录时有删节。

众的根本利益提供雄厚的物质基础。只有不断发展和繁荣社会主义文化，才能不断满足人民群众日益增长的精神文化生活需要，才能为发展生产力提供强大的精神动力和智力支持；6. 人民群众既是先进生产力和先进文化的创造者，又是其成果的享有者，全心全意为人民服务是实现立党为公，执政为民的根本途径；7. 要倾听群众的呼声，反映群众的意见，集中群众的智慧，推进决策科学化民主化，创新发展思路，使先进生产力和先进文化更快更好地发展起来，不断让人民群众得到实实在在的利益；8. 要充分发挥人民群众的主观能动性和伟大创造精神，保证人民群众依法管理好自己的事情，保证人民充分行使民主选举、民主决策、民主管理、民主监督的权利，真正当家做主人。

“三个代表”重要思想把发展先进生产力、发展先进文化、实现最广大人民群众的根本利益同坚持党的先进性联系在一起，并且上升到党的性质和宗旨的高度，使毛泽东同志创立的为人民服务思想在新的历史条件下，有了更鲜明的时代精神和更加具体的实践要求，从而也使“三个代表”重要思想的核心——立党为公、执政为民，成为当代实践为人民服务思想的最高标准。

江泽民同志在庆祝中国共产党成立八十周年大会上的讲话指出：“八十年来的实践启示我们，必须始终紧紧依靠人民群众，诚心诚意为人民谋利益，从人民群众中吸取前进的不竭力量。始终保持同人民群众的血肉联系，是我们党战胜各种困难和风险、不断取得事业成功的根本保证。在任何情况下，与人民群众同呼吸共命运的立场不能变，全心全意为人民服务的宗旨不能忘，坚信群众是真正英雄的历史唯物主义观点不能丢。必须始终把体现人民群众的意志和利益作为我们一切工作的出发点和归宿，始终把依靠人民群众的智慧和力量作为我们推进事业的根本工作路线。”江泽民同志站在世纪的高度，把为人民服务思想和“三个代表”重要思想历史地联系在一起，赋予了马克思主义新的鲜活力量，从而使为人民服务思想在新的历史条件下，得到了继承、发展和弘扬。

在建党 82 周年之际，胡锦涛同志在“三个代表”重要思想理论研讨会上的讲话中，代表新的中央领导集体，对“三个代表”重要思想与为人民服务的关系做了更新的理论阐述。他特别指出，“三个代表”重要思想的本质是立党为公、执政为民。学习贯彻“三个代表”重要思想，必须坚持尊重社会发展规律和尊重人民历史主体地位的一致性，坚持为崇高理想奋斗和为最广大人民谋利益的一致性，坚持完成党的各项工作和实现人民利益的一致性，切实把立党为公、执政为民具体地、深入地落实到各项工作中去。这样，就使为人民服务思想在新的历史条件下，有了更深刻，更准确的定位与内涵，从而使为人民服务思想在“三个代表”重要思想中更具核心地位。

由此我们也可以看到，为人民服务思想作为党的主旨思想，在毛泽东思想、邓小平理论、“三个代表”重要思想中是一脉相承的，其理论内涵是随着时代的发展不断补充和完善的，其与时俱进的品格，是符合了马克思主义的发展规律的。

# 新时期“为人民服务”的全面阐述*

刘建军

“为人民服务”是我们党的根本宗旨。从性质上讲它是始终如一、恒久不变的，但它的内容在历史的发展中会不断丰富和发展，它的具体要求也会因社会条件而有不同表现。那么，在改革开放新时期和发展社会主义市场经济条件下，特别是在构建社会主义和谐社会的进程中，“为人民服务”会有哪些新的内容和要求呢？2011 年 7 月 1 日胡锦涛的《在庆祝中国共产党成立 90 周年大会上的讲话》（以下简称《讲话》），有一个很突出的理论贡献，就是对新时期的“为人民服务”作了全面的阐述，丰富和发展了党的“为人民服务”学说，为我们党在新的历史条件下进一步坚持和贯彻“为人民服务”的宗旨指明了方向。

## 一、重申了“为人民服务”的根本宗旨

“为人民服务”是马克思主义的一贯思想。马克思恩格斯在《共产党宣言》中写道：“过去的一切运动都是少数人的或者为少数人谋利益的运动。无产阶级的运动是绝大多数人的、为绝大多数人谋利益的运动。”特别是在《法兰西内战》中，马克思明确提

* 节选自《中国特色社会主义研究》2012 年第 2 期，收录时有删节。

出了“为组织在公社里的人民服务”的论断。列宁在《党的组织和党的出版物》中，也提出无产阶级文化“不是为饱食终日的贵妇人服务，不是为百无聊赖、胖得发愁的‘一万个上层分子’服务，而是为千千万万劳动人民，为这些国家的精华、国家的力量、国家的未来服务”。斯大林也从知识分子的角度提出了“为人民服务”的论断。

在延安时期，毛泽东同志最早从党的性质和宗旨上提出了“为人民服务”的科学论断，党的七大明确地将“为人民服务”确立为党的根本宗旨。从那时以来，为人民服务成为中国共产党人的精神动力和行动指南，也成为全中国人民家喻户晓的群众语言和社会道德。其实，对中国共产党人来说，为人民服务与其说是一种道德要求，不如说首先是一种政治要求和立场宣示，是一种信念伦理和信仰要求。它属于马克思主义信仰体系的核心内容。所谓根本宗旨，就是根本信念和根本目标，它是中国共产党人的天经地义。正因为如此，中国共产党党章总是把为实现共产主义而奋斗与全心全意为人民服务连在一起。可以说，共产主义远大理想和为人民服务的根本信念是共产主义信仰体系的两个焦点。中国共产党人坚定共产主义远大理想，坚持为人民服务的根本宗旨，取得了新民主主义革命和社会主义革命的胜利，建立了新中国，确立了社会主义基本制度，取得了社会主义建设的巨大成就。

在改革开放的新时期，在建设中国特色社会主义事业的过程中，为人民服务依然具有极其重要的意义。胡锦涛在“七一”讲话中，再次明确重申了我们党为人民服务的根本宗旨。他的《讲话》中不仅处处体现着为人民服务的精神，不仅多处从不同的角度和用相近的语言重新表述为人民服务的思想，而且两次明确重申为人民服务。

更为引人注目的是，胡锦涛的“七一”讲话明确了“以人为本”与“为人民服务”的关系。在我们党提出科学发展观以来，

“以人为本”作为科学发展观的核心，迅速为全党和全国人民所接受。“以人为本”无疑是我们党为人民服务根本宗旨在新的条件下的体现，表现了为人民服务的时代价值。那么“以人为本”与“为人民服务”是什么关系？胡锦涛的《讲话》明确摆正了二者的关系，有效解答了学界存在的某种疑惑。他明确提出：“以人为本、执政为民是我们党的性质和全心全意为人民服务根本宗旨的集中体现。”也就是说，为人民服务仍然是党的根本宗旨，而以人为本和执政为民则是我们党的这一宗旨在执政条件下的集中体现，更简单地说，“以人为本”是“为人民服务”的具体体现，它不是对“为人民服务”的超越和取代，更不是对“为人民服务”的削弱和否定。

## 二、阐释了“为人民服务”的科学内涵

“为人民服务”的科学命题具有丰富的内涵，这些内涵随着历史的发展而进一步展开。胡锦涛的《讲话》科学总结党成立以来90年的历史，结合新时代的条件，从不同的方面论述了“为人民服务”的科学内涵。

首先，人民是社会历史的主体。马克思主义认为，人民群众是历史的创造者，是历史的主人，而社会主义也是人民群众的事业。“七一”讲话用明确而精彩的语言再次明确重申了这一思想：“每一个共产党员都要把人民放在心中最高位置，尊重人民主体地位，尊重人民首创精神，拜人民为师，把政治智慧的增长、执政本领的增强常常扎根于人民的创造性实践之中。”

其次，人民是党的力量源泉。“七一”讲话将党90年历史功绩简明地概括为三件大事：一是完成了新民主主义革命，实现了民族独立和人民解放；二是完成了社会主义革命，确立了社会主

义制度；三是进行了改革开放的新的伟大革命，开创、坚持、发展了中国特色社会主义。值得注意的是，胡锦涛讲这三件大事时，前半句话都是“我们党紧紧依靠人民”。

再次，人民是党的利益归宿。胡锦涛同志在《讲话》中再次重申，“我们党除了人民利益，没有自己的特殊利益”，“我们必须始终把人民利益放在第一位，把实现好、维护好、发展好最广大人民根本利益作为一切工作的出发点和落脚点”。这一重申具有重要的现实意义和明确的针对性。因为在改革开放和发展社会主义市场经济的条件下，利益问题凸显，个人利益和群体的利益受到重视。但是，那种认为党也是一个利益集团的主张是错误的。当然，在某些时候我们也说“为了党和人民的利益”等等，而且从某种意义上说，党本身的生存和发展也可以算作“党的利益”，但是党的生存和发展的目的又是什么呢？并不是党员或党的干部的利益和享乐，而是人民的利益。为人民谋利益这是党存在和发展的价值和意义所在。这才是更根本的问题，从这个意义上讲，党没有自己的特殊利益。

最后，群众是党的工作的着力点。党的群众观点、群众路线和群众工作，是为人民服务科学内涵的应有之义。“人民”与“群众”性质上是一回事，因而又统称“人民群众”。但从学理上说，这些概念在细微之处也有区别。“人民群众”主要是哲学概念，指历史创造者和历史主体。“人民”主要是政治概念，与“敌人”相比；“群众”主要是社会概念和工作概念，指社会下层的成员或普通群众。“为人民服务”主要是政治理念，但也具有哲学基础和哲学蕴义，同时也具有社会的、道德的以及工作的含义。胡锦涛的《讲话》中也包含着“党的为人民服务宗旨”与“党的群众工作”的关系的思想。可以说，后者是前者的直接而具体的体现，虽然不是唯一的体现，却是最直接、最明显和最感性的体现。党实现自己“为人民服务”的宗旨要通过一系列的工作来体现。比如，制定大政方针的工作和领导性的工作，实际性、业务性的工作等等，都是为人民服务，但是那些直接面对底层群众的，直接为群众生活和利益排忧解难的工作即群众工作，虽然带有基层的特点，但却是为人民服务的直接体现。《讲话》对“群众工作”的强调，鲜明地体现了在构建社会主义和谐社会的条件下，“为人民服务”的新要求新特点。

## 三、提出了“为人民服务”的基本要求

在改革开放的历史条件下，在建设中国特色社会主义事业的过程中，“为人民服务”有哪些基本要求呢？党的宗旨如何在我国的经济建设、政治建设、文化建设以及社会建设等领域中得到体现和实现呢？对此，《讲话》有明确而详细的论述。

首先，在经济建设上，“要坚持发展为了人民、发展依靠人民、发展成果由人民共享”。这就解决了经济社会发展与“为人民服务”的关系，明确了为了人民而发展，依靠人民的力量来发展，并最终由人民共享发展成果的要求。经济建设，经济社会发展，当然要有市场经济体制，要发挥资本等要素的作用，但我们社会主义经济建设的根本力量不是市场，不是金钱和资本，而是人民群众。归根到底是广大人民群众的劳动创造财富和价值。

其次，在政治建设上，坚持“为人民服务、对人民负责并自觉接受人民监督”。胡锦涛指出，“国家一切权力属于人民”，“人民当家作主是社会主义民主政治的本质和核心”，因此，“各级领导干部都要牢记，我们手中的权力是人民赋予的，只能用来为人民谋利益。行使权力就必须为人民服务、对人民负责并自觉接受人民监督，决不能把权力变成牟取个人或少数人私利的工具。”

再次，在文化建设上，坚持“让人民共享文化发展成果”。人

民群众不仅有经济和政治利益，也有文化权益。发展社会主义先进文化，要着眼于“不断开创全民族文化创造活力”，着眼于全面提高“人民思想道德素质和科学文化素质”，着眼于更好地保障“人民基本文化权利”，这些是新的历史条件下为人民服务的新要求。

最后，在社会建设上，要以保障民生为重点，着力解决好人民最关心最直接最现实的利益问题，“努力使全体人民学有所教、劳有所得、病有所医、老有所养、住有所居”。这就鲜明地体现了为人民服务在构建社会主义和谐社会中的新要求。总之，胡锦涛的“七一”讲话包含有十分丰富的为人民服务的思想内容，是一篇在新世纪新阶段阐述党的为人民服务思想的经典文献。

（作者系中国人民大学马克思主义学院教授、博士生导师）

# 江山就是人民　人民就是江山*
# ——习近平总书记关于以人民为中心重要论述

“历史充分证明，江山就是人民，人民就是江山，人心向背关系党的生死存亡。赢得人民信任，得到人民支持，党就能够克服任何困难，就能够无往而不胜。”

——2021 年 2 月 20 日习近平总书记在党史学习教育动员大会上的讲话。

“我们的人民热爱生活，期盼有更好的教育、更稳定的工作、更满意的收入、更可靠的社会保障、更高水平的医疗卫生服务、更舒适的居住条件、更优美的环境，期盼孩子们能成长得更好、工作得更好、生活得更好。人民对美好生活的向往，就是我们的奋斗目标。”

——2012 年 11 月 15 日，习近平总书记在十八届中共中央政治局常委同中外记者见面时指出。

“郑板桥有一首诗写道：‘衙斋卧听萧萧竹，疑是民间疾苦声。些小吾曹州县吏，一枝一叶总关情。’我们共产党人对人民群众的疾苦更要有这样的情怀，要有仁爱之心、关爱之心，更多关注困难群众，不断提高全体人民生活水平。”

——2012 年 12 月，习近平总书记在河北阜平县考察扶贫开发工作时指出。

* 本文节选自《民心》2021 年第 7 期，根据《人民日报》2021 年 6 月 28 日摘编。

“我们要随时随刻倾听人民呼声、回应人民期待，保证人民平等参与、平等发展权利，维护社会公平正义，在学有所教、劳有所得、病有所医、老有所养、住有所居上持续取得新进展，不断实现好、维护好、发展好最广大人民根本利益，使发展成果更多更公平惠及全体人民，在经济社会不断发展的基础上，朝着共同富裕方向稳步前进。”

——2013 年 3 月 17 日，习近平总书记在第十二届全国人民代表大会第一次会议上指出。

“对我来讲，人民把我放在这样的工作岗位上，就要始终把人民放在心中最高的位置，牢记人民重托，牢记责任重于泰山。这样一个大国，这样多的人民，这么复杂的国情，领导者要深入了解国情，了解人民所思所盼，要有‘如履薄冰，如临深渊’的自觉，要有‘治大国如烹小鲜’的态度，丝毫不敢懈怠，丝毫不敢马虎，必须夙夜在公、勤勉工作。人民是我们力量的源泉。只要与人民同甘共苦，与人民团结奋斗，就没有克服不了的困难，就没有完成不了的任务。”

——2013 年 3 月 19 日，习近平主席在接受金砖国家媒体联合采访时指出。

“得民心者得天下，失民心者失天下，人民拥护和支持是党执政的最牢固根基。人心向背关系党的生死存亡。党只有始终与人民心连心、同呼吸、共命运，始终依靠人民推动历史前进，才能做到哪怕‘黑云压城城欲摧’，‘我自岿然不动’，安如泰山、坚如磐石。”

——2013 年 6 月 18 日，习近平总书记在党的群众路线教育实践活动工作会议上指出。

“党的一切工作，必须以最广大人民根本利益为最高标准。检验我们一切工作的成效，最终都要看人民是否真正得到了实惠，人民生活是否真正得到了改善，人民权益是否真正得到了保障。面对人民过上更好生活的新期待，我们不能有丝毫自满和懈怠，必须再接再厉，使发展成果更多更公平惠及全体人民，朝着共同富裕方向稳步前进。”

——2013年12月26日，习近平总书记在纪念毛泽东同志诞辰120周年座谈会上指出。

“中国共产党坚持执政为民，人民对美好生活的向往就是我们的奋斗目标。我的执政理念，概括起来说就是：为人民服务，担当起该担当的责任。”

——2014年2月7日，习近平主席接受俄罗斯电视台专访时指出。

“以人民为中心的发展思想，不是一个抽象的、玄奥的概念，不能只停留在口头上、止步于思想环节，而要体现在经济社会发展各个环节。要坚持人民主体地位，顺应人民群众对美好生活的向往，不断实现好、维护好、发展好最广大人民根本利益，做到发展为了人民、发展依靠人民、发展成果由人民共享。”

——2016年1月18日，习近平总书记在省部级主要领导干部学习贯彻党的十八届五中全会精神专题研讨班开班式上指出。

“全党同志要把人民放在心中最高位置，坚持全心全意为人民服务的根本宗旨，实现好、维护好、发展好最广大人民根本利益，把人民拥护不拥护、赞成不赞成、高兴不高兴、答应不答应作为衡量一切工作得失的根本标准，使我们党始终拥有不竭的力量源泉。”

——2016年7月1日，习近平总书记在庆祝中国共产党成立95周年大会上指出。

“人民立场是马克思主义政党的根本政治立场，人民是历史进步的真正动力，群众是真正的英雄，人民利益是我们党一切工作的根本出发点和落脚点。中南海要始终直通人民群众，我们要始终把人民群众放在心中脑中。中央政治局的同志必须做到以人民忧乐为忧乐、以人民甘苦为甘苦，牢固树立以人民为中心的发展思想，始终怀着强烈的忧民、爱民、为民、惠民之心，察民情、接地气，倾听群众呼声，反映群众诉求。”

——2016 年 12 月，习近平总书记主持召开中共中央政治局民主生活会时指出。

“中国共产党人的初心和使命，就是为中国人民谋幸福，为中华民族谋复兴。这个初心和使命是激励中国共产党人不断前进的根本动力。全党同志一定要永远与人民同呼吸、共命运、心连心，永远把人民对美好生活的向往作为奋斗目标，以永不懈怠的精神状态和一往无前的奋斗姿态，继续朝着实现中华民族伟大复兴的宏伟目标奋勇前进。”

——2017 年 10 月，习近平总书记在党的十九大报告中指出。

“我们要始终以实现好、维护好、发展好最广大人民根本利益为最高标准，带领人民创造美好生活，让改革发展成果更多更公平惠及全体人民，使人民获得感、幸福感、安全感更加充实、更有保障、更可持续，朝着实现全体人民共同富裕不断迈进。”

——2017 年 10 月 25 日，习近平总书记在党的十九届一中全会上强调。

“我们要牢记人民对美好生活的向往就是我们的奋斗目标，坚持以人民为中心的发展思想，努力抓好保障和改善民生各项工作，不断增强人民的获得感、幸福感、安全感，不断推进全体人民共同富裕。我坚信，中国人民生活一定会一年更比一年好。”

——2017年10月25日，习近平总书记在十九届中共中央政治局常委同中外记者见面时指出。

“我们要始终把人民立场作为根本立场，把为人民谋幸福作为根本使命，坚持全心全意为人民服务的根本宗旨，贯彻群众路线，尊重人民主体地位和首创精神，始终保持同人民群众的血肉联系，凝聚起众志成城的磅礴力量，团结带领人民共同创造历史伟业。这是尊重历史规律的必然选择，是共产党人不忘初心、牢记使命的自觉担当。”

——2018年5月4日，习近平总书记在纪念马克思诞辰200周年大会上指出。

“我们党来自人民、扎根人民、造福人民，全心全意为人民服务是党的根本宗旨，必须以最广大人民根本利益为我们一切工作的根本出发点和落脚点，坚持把人民拥护不拥护、赞成不赞成、高兴不高兴作为制定政策的依据，顺应民心、尊重民意、关注民情、致力民生，既通过提出并贯彻正确的理论和路线方针政策带领人民前进，又从人民实践创造和发展要求中获得前进动力，让人民共享改革开放成果，激励人民更加自觉地投身改革开放和社会主义现代化建设事业。”

——2018年12月18日，习近平总书记在庆祝改革开放40周年大会上指出。

“这么大一个国家，责任非常重、工作非常艰巨。我将无我，不负人民。我愿意做到一个‘无我’的状态，为中国的发展奉献自己。”

——2019年3月，习近平回应意大利众议长菲科提问时的深情表达。

“每个共产党员都要弄明白，党除了人民利益之外没有自己的特殊利益，党的一切工作都是为了实现好、维护好、发展好最广大人民根本利益；人民是历史的创造者、人民是真正的英雄，必须相信人民、依靠人民；我们永远是劳动人民的普通一员，必须保持同人民群众的血肉联系。”

——2019 年 5 月 31 日，习近平总书记在“不忘初心、牢记使命”主题教育工作会议上强调。

“人民是我们党的执政基础。抗击新冠肺炎疫情、抗洪抢险斗争再次表明，只要我们党始终为人民执政、依靠人民执政，就能无往而不胜。”

——2020 年 8 月，习近平总书记在安徽考察时指出。

“历史和现实都告诉我们，只要紧紧依靠人民、一切为了人民，充分激发广大人民顽强不屈的意志和坚忍不拔的毅力，我们就一定能够使最广大人民紧密团结在一起，不断创造中华民族新的历史辉煌。”

——2020 年 9 月 8 日，习近平总书记在全国抗击新冠肺炎疫情表彰大会上指出。

“要从人民群众普遍关注、反映强烈、反复出现的问题出发，拿出更多改革创新举措，把就业、教育、医疗、社保、住房、养老、食品安全、生态环境、社会治安等问题一个一个解决好，努力让人民群众的获得感成色更足、幸福感更可持续、安全感更有保障。”

——2020 年 10 月 14 日，习近平总书记在深圳经济特区建立 40 周年庆祝大会上指出。

“中国共产党是为广大人民谋幸福的党，从成立开始，就把为人民服务写在了党的旗帜上。革命、建设、改革一路走来，已经一百年了，我们党依靠人民战胜了多少艰难险阻，创造了多少奇迹，取得了多少丰功伟绩，不容易啊！我们要始终牢记党的初心和使命，继续努力，继续前进。”

——2021 年农历春节前夕，习近平总书记在贵州考察时指出。

“事实充分证明，做好党和国家各项工作，必须把实现好、维护好、发展好最广大人民根本利益作为一切工作的出发点和落脚点，更加自觉地使改革发展成果更多更公平惠及全体人民。只要我们始终坚持以人民为中心的发展思想，一件事情接着一件事情办，一年接着一年干，就一定能够不断推动全体人民共同富裕取得更为明显的实质性进展！”

——2021 年 2 月 25 日，习近平总书记在全国脱贫攻坚总结表彰大会上指出。

“要牢记我们党为人民谋幸福、为民族谋复兴的初心使命，始终坚守党全心全意为人民服务的根本宗旨，用心用情用力解决好群众‘急难愁盼’问题，让群众有更多、更直接、更实在的获得感、幸福感、安全感。”

——2021 年 3 月 1 日，习近平总书记在中央党校（国家行政学院）中青年干部培训班开班式上指出。

“让人民生活幸福是‘国之大者’。全面推进乡村振兴的深度、广度、难度都不亚于脱贫攻坚，决不能有任何喘口气、歇歇脚的想法，要在新起点上接续奋斗，推动全体人民共同富裕取得更为明显的实质性进展。”

——2021 年 4 月，习近平总书记在广西考察时指出。

“今年是中国共产党成立一百周年，我们党发展壮大起来不容易，夺取政权不容易，建设新中国不容易。老百姓衷心拥护中国共产党，就是因为中国共产党始终全心全意为人民服务、为各民族谋幸福。”

——2021 年 6 月，习近平总书记在青海考察时指出。

# 习近平以人民为中心发展思想的理论内涵与基本路径*

胡柳娟

从中国共产党百年历程来看，一代代中国共产党人都在探索着这样的问题：我是谁？从何而来？要到哪里去？这既是理解中国共产党成长历程的基本问题，也是探索现代中国政治的基本脉络。然而，如果再翻开中国传统政治向现代政治转换的历史就可以发现，其中有两个方面的特质决定了中国共产党的成长，其一，人民是中国共产党始终紧紧依靠的力量；其二，中国共产党是以服务人民群众为政治使命的政党。实际上，这就已经清晰地向外界宣告了中国共产党从何而来、走向何处的问题。长期以来，人们都是在理解这两个特质的基础上探索中国政治的，于是，无论从理论上还是从治国理政实践中，人民与中国共产党就紧密联系起来了。党的十八大以来，习近平总书记反复强调和突出了中国共产党的为民情怀，并在此基础上创造性地提出了以人民为中心的发展思想，形成了一系列的丰富理论，成为习近平新时代中国特色社会主义思想的重要组成部分。

* 节选自《岭南学刊》2021 年第 5 期，原题为《习近平以人民为中心发展思想的生成逻辑与理论内涵》。

# 一、习近平以人民为中心发展思想的理论内涵

习近平以人民为中心发展思想已经成为了中国共产党发展运行的内在要求，它并不仅仅刻画出了中国共产党的执政理想，更为重要的是，需要依靠政党来进一步塑造，使之具体、实用。这其中就包含了对理论思想内涵的呈现和表达问题，这种内涵主要从执政使命、执政基础、执政理念、领袖情怀四个方面体现：

## 1. 执政使命："我们的目标就是让全体中国人都过上更好的日子"

对于任何一个政党而言，政党的使命决定了其品格精神和气质状态，一个政党有着什么样的使命担当，就能成就一番什么样的政党伟业。对于中国共产党而言，自建党伊始，一百年来就以依托人民授予的权力为前提，以全心全意为人民服务为使命，人民历来就是其使命构建路径中的支柱力量。直到今天，随着时代环境的变化，为了延续这一实际力量，习近平总书记提出："我们的目标就是让全体中国人都过上更好的日子"。这就是从中国共产党的执政使命出发，对以人民为中心发展理论作出的新论述。

为了体现这一理念的现实价值，中国共产党首先重新界定了中国社会发展的主要矛盾，即"我国社会主要矛盾已经转化为人民日益增长的美好生活需要和不平衡不充分的发展之间的矛盾"。这是中国共产党执政 70 多年以来对中国社会发展进程的全新研判，其实质就是实现国家富强、人民幸福。也正是基于这样的研判，在对中国共产党长期执政能力提出新要求的同时，也铸就了中国共产党在新时代"以人民为中心"的全新气质和全新担当。习近平总书记指出："我们党干革命、搞建设、抓改革，都是

为了让人民过上幸福生活”，因而“要从最苦难的群体入手，从最突出的问题着眼，从最具体的工作抓起，通堵点、疏痛点、消盲点，全面解决好同老百姓生活息息相关的教育、就业、社保、医疗、住房、环保、社会治安等问题，集中全力做好普惠性、基础性、兜底性民生建设”。这些都是对现实中处于社会主要矛盾需求侧的回应，中国共产党就是在这样的期盼中践行使命，提升为民服务的质量。

### 2. 执政基础：“人民是我们党执政的最大底气”

“人民是我们党执政的最大底气”，习近平总书记所表达的并不仅仅是一种政治宣言，而是从执政党执政基础这一角度来阐述以人民为中心理念的。所谓执政基础，是指政党要维持执政地位赖以依存的基本要件，即回答好依靠谁的问题。一般来说，执政基础所依赖的要素是多方面的，但是最核心的要素就是人民。对于任何政党来说，如果离开了人民这个主体，就很难获得执政地位，即使获取了，也无法执好政。因而，从某种意义上讲，执政基础所反映的也并不仅仅是概念本身，而是与国家政治形态有着深刻的内在逻辑。在中国政治形态中，中国共产党以为人民服务为宗旨，人民既是中国共产党的服务对象，也是促进中国共产党成长、发展的实际支持者，这就构成了中国共产党与人民之间天然的联系：人民既是中国共产党获取执政地位的逻辑起点，也是维持长期执政地位的现实起点。就逻辑起点而言，中国共产党在处理国家和社会事务的关系中，人民始终是根本；就现实前提而言，人民为中国共产党倡导的价值原则提供现实载体，即中国共产党是以实现人民的利益表达并予以实现为政治理想。所以，以人民为中心发展理念的内在理论内涵就是中国共产党执政基础的集中表达。第一，紧紧依靠人民。紧紧依靠人民回答的是中国共产党从哪里来的问题，对此，习近平总书记指出：“人民是我们党执政的最大底气，是我们共和国的坚实根基，是我们党强党兴国的根本所在。我们党来自人民，为人民而生，因人民而兴，必须始终与人民心心相印、与人民同甘共苦、与人民团结奋斗。”这意味着人民是中国共产党的执政根基，无论过去、现在还是未来，这一点都毋庸置疑。离开这一点谈中国共产党的执政基础，就成了无源之水、无本之木。在此基础上，习近平总书记强调：“不忘初心、牢记使命，说到底是为什么人、靠什么人的问题。以百姓为心，与人民同呼吸、共命运、心连心，是党的初心，也是党的恒心。”第二，民心是最深厚的政治根基。如果说依靠人民是获取执政基础的来源，这对于一个政党而言仅仅只是完成了第一步。要完全牢牢稳固政权，抓住民心才是持续的力量来源。因为，“人民是党执政的最大底气，也是党执政最深厚的根基。正是从这个意义上讲，民心是最大的政治。党员、干部初心变没变、使命记不记得牢，要由群众来评价、由实践来检验。”只有这样，才能赢得最广泛的政治资源和合法性基础，稳固党的长期领导地位。

### 3. 执政理念：“始终把人民放在心中最高位置”

对于一个执政党来说，不管其最终以什么样的形式表达政治理想，根本的基础就是要把人民的需求与政党的回应联系起来，寻求高度一致性。这种一致性的出发点，自然就需要表现在一种立场上，也就是执政理念之中。“始终把人民放在心中最高位置”就是从执政理念的角度出发阐述了习近平以人民为中心发展思想中的基本立场问题。第一，人民作为整体的力量掌握着中国共产党的前途命运，中国共产党理应把能否服务好人民作为衡量执政优良与否的重要指标。这对于反映和突出中国共产党的执政理念也将起到积极的推动作用，由此，习近平总书记指出，要“把为民造福作为最重要的政绩”。第二，中国共产党的为民造福并不是自吹自擂，也不是夸夸其谈，“检验我们一切工作的成效，最终都要看人民是否真正得到了实惠，人民生活是否真正得到了改善，人民权益是否真正得到了保障”。在中国共产党的执政轨迹中，“人民是我们党的工作的最高裁决者和最终评判者”。这两方面的维度实际上包含了两个实践主体，也是复合型主体：一是政党，通过有效凝聚和整合人民利益表达诉求而创造大于单个个体的力量和价值，实现全民财富和社会福利共享；二是人民，通过政党展开的实际治国理政的活动参与到共同利益和根本利益主导的活动中，体现的是人民当家作主的现实民主。值得一提的是，在这种复合型主体实践中，运行路线并不是单向的，而是交叉复合的，其支点就是中国共产党自始至终都在贯穿执行的群众路线。习近平总书记反复强调，要“把党的群众路线贯彻到治国理政全部活动之中”。人民是中国共产党背后的支持力量，把服务人民放在最高位置，创造全社会的共享、全面发展。

**4. 领袖情怀：“我将无我，不负人民”**

2014 年，习近平总书记在接受俄罗斯电视台采访时郑重提出了自己的从政立场：“我将无我，不负人民”；2015 年，习近平总书记在中央党校县委书记研修班学员座谈会上对全国县委书记指出：“当好县委书记，必须始终做到心中有民”，并嘱咐他们：“大家心中要始终装着老百姓，先天下之忧而忧，后天下之乐而乐，做到不谋私利、克己奉公”；2019 年，习近平总书记指出：“这么大一个国家，责任非常重、工作非常艰巨。我将无我，不负人民。我愿意做到一个‘无我’的状态，为中国的发展奉献自己。”“我将无我，不负人民”，简短的八个字却意味深长，这是习近平总书记从领袖的执政情怀角度为以人民为中心发展思想打开了新的境界，是中国共产党能力和智慧的集中体现，既是一种思想深化，也是一种价值超越。“我将无我，不负人民”融入了领袖灵魂的理念，体现了领袖个人已经把秉承人民立场当作了个人终极的关怀，其精髓在于大格局、大作为、大贡献，领袖个人可以为党和国家的大事业舍弃“小我”而成就“大我”。关于这一点，早在习近平总书记主政浙江时在《要敢于做铺垫之事》一文中就有体现：“‘功成不必在我’，要甘于做铺垫性的工作，甘于抓未成之事。”也正是因为有了领袖个人的崇高情怀，成就了整个政党，进而也就形成了对思想理论和价值原则的超越，为思想理论带来了现实效应：受领袖个人政治威望的影响，这一思想已经在全党深入人心，带来了强大的凝聚力。简言之，思想理论的影响力和带动力已经体现在现实的执行力之中了。因此，我们可以得出一个基本结论：以人民为中心发展思想在中国政治形态中的生成并不是一个简单模式的套用与循环，也不是政治话语灌输中的神话，从根本上说，它是中国共产党一些要素和原则的积极整合，任何违背这个观念中要素和原则的言行都是站不住脚的。

## 二、践行以人民为中心发展思想的基本路径

习近平以人民为中心的发展思想在一定程度上反映了中国共产党成长过程中的特质。在看到思想理念对政党成长产生影响的同时，也应该重视思想理念本身对国家、社会发展的促进作用。理解习近平以人民为中心发展思想的理论内涵仅仅是第一步，更重要的在于践行和落实。习近平总书记在参加十三届全国人大三次会议内蒙古代表团审议时强调，要把以人民为中心思想“落实到各项决策部署和实际工作之中，落实到做好统筹疫情防控和经济社会发展工作中去”。

### 1. 站在维护人民利益的角度实施各项政策，突出工作实效

在中国共产党领导的革命和建设的实践证明：“凡属正确的任

务、政策和工作作风，都是和当时当地的群众要求相适合，都是联系群众的；凡属错误的任务、政策和工作作风，都是和当时当地的群众要求不相适应，都是脱离群众的。”新时代条件下，要巩固中国共产党的执政基础，这一点依然很重要。因此，贯彻习近平以人民为中心发展思想，就是要在全面深化改革的主战场中，突出为民服务的工作实绩，“把为人民造福的事情办好办实”。只有这样才能让人民切实感受到、体会到、享受到以人民为中心思想的现实成果和思想分量。当前，经过中国共产党百年的努力，中国社会发生了翻天覆地的变化，但是，在发展过程中还存在着一些深层次的社会问题。比如随着高等教育普及率的提高而与日俱增的高校毕业生就业问题；再比如在脱贫攻坚大潮下边远山区农村贫困人口的脱贫问题、城市化大潮下城市农民工工资的拖欠及子女入学等问题；还比如城乡居民医保、养老问题等。这些都直接关系到老百姓的国计民生，社会关注度特别高且内在关系错综复杂、解决难度较大。在实施相关政策的过程中，一方面，要“向下看”，破除官僚主义、形式主义思想，端正工作态度，虚心倾听群众的呼声；另一方面，要讲究科学的工作方法，从“精准”施策上下功夫，让党和国家的惠民政策落实到每一个人。

◇ 2021 年 2 月 25 日，习近平总书记在全国脱贫攻坚总结表彰大会上庄严宣告：我国脱贫攻坚取得了全面胜利！图为贵州省咸宁县五里岗街道朝阳新城易地扶贫搬迁安置小区。

### 2. 把人民放在最高位置来谋划社会的发展

把人民放在最高位置来谋划经济社会的发展主要涉及两个层面的问题：一是理论层面，即坚持什么样的立场来看待国家和社会的发展。对于中国共产党而言，人民立场从来就是被作为一种坚定的信仰融入党的内在机理之中的。因而，践行以人民为中心发展理念的现实传递就是要树立正确的“人民观”，即对待人民的态度和看法。中国共产党人民观的核心价值就是为人民服务，这是党的性质和历史所决定了的。以人民为中心作为为人民服务原则和宗旨的现实体现“不是一个抽象的、玄奥的概念”，而是需要体现在经济社会发展的各个过程和各个环节中。这就引申出践行以人民为中心发展理念的第二层面含义，即人民立场的表达和实现问题。新时代条件下，随着中国经济增长由高速转向高质量发展，发展结构、发展方式、经济社会发展转换动力都随之改变，人民对生活方式、生活质量也会提出相应的要求，体现了人民对未来美好生活的向往。同时，这也意味着中国共产党在领导经济社会发展的过程中要以人民的这些需求作为立足点，创造更新、更优的发展路线。在此基础上，中国共产党提出了创新型国家、乡村振兴、脱贫攻坚、生态治理、疫情防控常态化等战略，为经济社会持续发展奠定了条件和基础。

（作者系中共北京市委党校讲师）

# 四、当代思考

# 永葆全心全意为人民服务的政治情怀*
## ——兼论《为人民服务》的丰富内涵和精神实质

王明方

习近平同志多次强调，我们党是为人民服务的，是要为人民做事的。他明确指出："我们讲宗旨，讲了很多话，但说到底还是为人民服务这句话。"这既重申了我们党的一贯主张，又道出了新形势下共产党人必须永葆的政治情怀。

1944年，毛泽东同志在张思德烈士追悼会上发表讲演，精辟概括出我们党的根本宗旨是全心全意为人民服务。今天重温《为人民服务》这一经典著作，进一步把握蕴含其中的精神财富，对于贯彻落实以习近平同志为核心的党中央治国理政新理念新思想新战略，对于我们党保持先进性和纯洁性、应对新的风险挑战、团结带领全国各族人民实现中华民族伟大复兴的中国梦，具有重大意义。

《为人民服务》一文意蕴深刻，堪称党的建设的不朽文献，是共产党人加强党性修养的经典，党员干部务必不断学习、始终践行。《为人民服务》的丰富内涵和精神实质，概括起来主要有以下几个方面。

中国共产党的宗旨。文章开门见山地说："我们的共产党和共产党所领导的八路军、新四军，是革命的队伍。我们这个队伍完

* 节选自《人民日报》2016年6月14日，收录时有删节。

全是为着解放人民的，是彻底地为人民的利益工作的。”这告诉我们，我们党来自人民、服务人民，完全彻底地为人民服务是党和军队的最高宗旨。当前，我们大力推进全面从严治党，归根到底是要把全心全意为人民服务的根本宗旨在党员干部的思想和行动中根植得更加牢固、更加扎实；就是要牢牢坚持以人民为中心的发展思想，把增进人民福祉、促进人的全面发展作为发展的出发点和落脚点。

中国共产党人的价值观。文章指出，为人民利益而死，就比泰山还重；替法西斯卖力，替剥削人民和压迫人民的人去死，就比鸿毛还轻。这告诉我们，人民的利益高于一切。正如习近平同志所指出的，作为党的干部，就是要全心全意为人民服务，就是要诚心诚意为党和人民的事业奋斗，就是要讲大公无私、公私分明、先公后私、公而忘私。党员干部在自己的岗位上大公无私、全心全意为人民服务，是应该做到、能够做到的，也是必须做到的。做到这一点，并不意味着党员干部不能有正当的个人利益，而是要求党员干部在自己的岗位上履行职责、谋事干事，行使职权必须尽心尽力、尽职尽责，不夹带任何私心杂念。

中国共产党不断壮大的逻辑。毛泽东同志指出：“只要我们为人民的利益坚持好的，为人民的利益改正错的，我们这个队伍就一定会兴旺起来。”这句话表明了中国共产党的立党之本、力量之源。人民是创造历史的主体，这是共产党人任何时候都不能忘记的基本道理。始终做到为人民的利益坚持好的、改正错的，不断提高自我净化、自我完善、自我革新、自我提高的能力，就能始终保持我们党的先进性和纯洁性，就能始终保持党的生机和活力，就能不断巩固党的执政基础和执政地位。

中国共产党人的理想信念。文章中说，我们的同志在困难的时候，要看到成绩，要看到光明，要看到希望，要提高我们的勇气。这告诉我们，为了追求崇高理想，在艰难困苦面前要认清方向、看清前途、英勇奋斗。“革命理想高于天。”有了坚定的理想信念，站位就高了，心胸就开阔了，就能坚持正确政治方向，在顺境或逆境中都不急不躁，经受住各种风险和困难的考验。我们做工作、干事业，要有不畏艰险、敢打硬仗、攻城拔寨的气概。现实中之所以出现为官不为、慵懒懈怠、推脱刁难、敷衍塞责的现象，很重要的一点就是一些党员干部的理想信念不够坚定，缺失了精神上的“钙”。

中国共产党的奋斗目标。文章中说，中国人民正在受难，我们有责任解救他们，我们要努力奋斗。我们党一切奋斗的根本目标是为了人民当家作主，让人民过上好日子。正因如此，劳苦大众才会跟着共产党前仆后继，奋力夺取民族独立、人民解放的伟大胜利。淮海战役期间，人民解放军的武器主要是小米加步枪，而国民党军队装备精良、人数占优。最后在广大人民群众的支持下，我们取得了胜利。没有广大人民群众的支持，就不可能有这场战役的胜利。我们任何时候都不能忘记没有人民就没有一切，不能忘记让人民过上幸福生活的奋斗目标。

◇淮海战役总前委成员合影。左起：粟裕、邓小平（书记）、刘伯承、陈毅、谭震林

人心是最大的政治。毛泽东同志指出："我们都是来自五湖四海，为了一个共同的革命目标，走到一起来了。我们还要和全国大多数人民走这一条路。"这就要求来自方方面面的同志，为了共同的奋斗目标搞好大团结；并且和各界、各方面的人民群众搞好大联合，同心同德走好国家富强、民族振兴、人民幸福之路。人心向背、力量对比是决定党和人民事业成败的关键，是最大的政治。坚持大团结大联合，解决的就是人心和力量的问题。有了为人民服务的共同宗旨，坚持大团结大联合，就能最大限度地调动一切积极因素，共同致力于实现中华民族伟大复兴的中国梦。

（作者系安徽省原政协主席、党组书记）

# 论“以人民为中心”对“为人民服务”的新发展*

韩迎春　曹一鸣

“以人民为中心”科学回答了中国特色社会主义建设过程中经济社会发展的根本目的、动力、趋向等问题，是对与其一脉相承的“为人民服务”思想的创新与发展，更是中国共产党人不忘初心、牢记使命的鲜明表达。“以人民为中心”不仅体现了新时代党对坚持人民主体地位这一根本原则的创造性运用，而且展示了不断丰富与发展着的中国共产党人民观在新时代的理论贡献。

从理论意义上讲，“以人民为中心”实现了发展观的重大理论创新，开启了当代中国马克思主义发展观的新境界。首先，“以人民为中心”是对马克思主义发展观的继承发展。以人民地位为中心的基本立场，秉承了人民群众是历史的创造者和主体的唯物史观；以人民利益为中心的价值核心，回答了新时代中国的社会变革与发展，从根本上说是为了人民群众利益关系的调整；以人民作用为中心的历史基础，既是对唯物史观的返本开新与现实运用又是依靠人民群众进行社会主义建设的集中体现；以人民满意为中心的最终归宿，则体现了生产力的客观规律与人民群众的主观价值的有机统一。其次，“以人民为中心”是对东西方发展理论的本质超越。对于“历史是由谁创造的？”“如何正确认识和处理统

* 选自《社会主义研究》2019 年第 5 期。

治者与民众的关系？”等问题的思考，东西方生成了“民本主义”与“人本主义”思潮。一方面，二者在一定程度上反映了社会发展进步应对人加以重视的诉求，也为我们提供了社会认同的资源。另一方面，它们又存在着根本性缺陷：基于“人本主义”之“人”必是抽象的个人，一定会滑向个人主义的深渊；基于“民本主义”的“民”实为无主体性的子民，最终必然沦为被支配的对象。只有基于唯物史观的“以人民为中心”发展思想，既克服了西方人本主义的个人主义弊端，又纠正了东方民本主义的集体主义缺失。再次，“以人民为中心”是对中国特色社会主义发展思想的弘扬创新。具体而言，以人民为中心的发展思想，即始终把人民放在心中最高的位置，并且将实现共同富裕作为其本质要求。以人民为中心的治理思想，即人民生活是否确实得到了改善，人民群众是否真正得到了实惠，人民权益是否切实得到了保障，这是检验我们一切工作成效的最终指标。以人民为中心的文化思想，即文化宣传上的工作导向、文化创作上的创作导向、文化研究上的研究导向都要坚持“以人民为中心”。以人民为中心的安全思想，即确保人民群众生命财产安全是根本要求，维护国家稳定和领土完整是内在要求，维持世界和平和地区稳定是外在要求，保证经济安全、信息安全和生态安全等是重要方面。

从实践价值看，“以人民为中心”推进了中国特色社会主义的伟大实践，彰显了新一届中央领导集体治国理政的鲜明特色。一方面，作为执政理念，它是由一系列实践内容构成的。具体说来，一是执政目标：“人民对美好生活的向往，就是我们的奋斗目标”。以习近平同志为核心的党中央既描绘了“中国梦”的宏伟蓝图，又制定了“两个一百年”的奋斗目标。二是执政基础：“人民群众始终是我们党的坚实执政基础”。习近平指出，我们的执政理念就是为人民服务，因为党执政最牢固的根基是人民的支持和拥护。三是执政道路：“中国特色社会主义政治发展道路是符合中国国情、保证人民当家作主的正确道路”。老百姓常说“鞋子合不合脚，自己穿了才知道”，习近平用这句俗语表明了对中国特色社会主义的道路自信。四是执政原则：“依法执政”，“把权力关进制度的笼子里”。习近平指出，作为执政党，坚持依法执政，就是要依法设定、规范、制约、监督权力。五是执政方式：“民主执政”，“推动协商民主广泛、多层、制度化发展”。习近平强调，选举民主和协商民主是共产党执政方式的本质所在，我们要坚持和完善中国共产党领导的多党合作和政治协商制度。六是执政关键：“关键在党”，“从严治党”，“‘老虎’、‘苍蝇’一起打”。习近平认为，我们既要坚定党员干部的理想信念，又要以重拳反腐作为从严治党的主要抓手。另一方面，作为领导思想，它更是一个既有表率示范又有要求引领的实践体系。具体来说，一是领导目标：在十八大当选总书记之后第一次同中外记者见面时，习近平就提出了“以人民为中心”领导目标，这既是领导目的更是工作导向。二是领导立场：我们党要战胜一切困难和风险的挑战，就必须始终保持与人民的血肉联系，习近平要求各级领导者“要始终把人民群众放在心中最高位置”。三是领导责任：习近平指出，这个重大责任就是民族、人民、党的责任有机统一体，这是全党同志和全国各族人民的重托与期盼。四是领导决策：习近平指出：要有强烈的问题意识，以重大问题为导向，抓住关键问题进一步研究思考，着力推动解决我国发展面临的一系列突出矛盾和问题。五是领导效能：“让发展更有质量，让治理更有水平，让人民更有获得感”，这既是习近平对领导效能提出的基本要求，也是其基本内涵，更是实现领导目标的效率与效益的集中体现。

从方法层面看，“以人民为中心”为中国共产党执政提供了行动依据和基本遵循，为世界贡献了中国方案。总体来讲，“发展为了谁、发展依靠谁、发展成果由谁享有”是反映一个政党根本性质的首要命题，“以人民为中心”发展思想彰显出人民至上的基本价值取向。首先，“发展为了人民”是基本立场。习近平强调：“我们共产党人干革命、搞建设、抓改革，都是为了让人民过上幸福生活。”其次，“发展依靠人民”是根本原则。如果说“为谁发展”是“以人民为中心”发展思想的出发点，那么“靠谁发展”则是解决“怎么办”问题。为此，习近平指出，“人民是推动发展的根本力量。”再次，“发展成果由人民共享”是价值取向。党的十九大报告指出：“中国特色社会主义进入新时代，我国社会主要矛盾已经转化为人民日益增长的美好生活需要和不平衡不充分的发展之间的矛盾。”如何破解“美好生活需要”与“不平衡不充分的发展”难题？“以人民为中心”的发展思想提供了新思路、新方法。

一方面，“以人民为中心”是统筹推进“五位一体”总体布局的灵魂。从功能作用来讲，对于发展主题而言，创新是第一动力、协调是内在要求、绿色是必要条件、开放是必由之路、共享是本质特征。这就告诉我们，创新注重解决发展的动力问题、协调注重解决发展的平衡问题、绿色注重解决人与自然和谐的问题、开放注重解决发展的内外联动问题、共享注重解决社会公平正义问题。所有这些问题指向何处？主体是谁？实质又是什么？答案归根到底只有一个，那就是“以人民为中心”。另一方面，“以人民为中心”更是协调推进“四个全面”战略布局的主线。从实践层面来看，全面建成小康社会蕴含着以人民为中心的目标旨归，而坚持以人民为中心倒逼着全面深化改革，全面依法治国又构成了以人民为中心的重要保障，全面从严治党则夯实了以人民为中心的政治根基。可见，“以人民为中心”这条主线把人民群众作为协调推进“四个全面”战略布局的主体力量，把满足广大人民群众的根本利益作为目标指向，把增进人民福祉作为根本出发点和落脚点。

（韩迎春，南昌大学马克思主义学院教授；曹一鸣，南昌大学马克思主义学院博士研究生）

# 论“以人为本”、人本主义与“以人民为中心”*

胡钧　施九青

“以人为本”与“以人民为中心”是改革开放新时期以来，中国共产党适应新的形势、新的任务，提出的重要的治国理政的指导思想。在以往的马克思主义经典著作中，以及中国化的马克思主义著作和党的文献中，我们熟悉的提法是“人民自己解放自己”、“为人民服务”以及“人民当家做主”等。对“以人为本”和“人本主义”，在我国有些人中曾被当作“抽象的人性论”等资产阶级人本主义哲学思潮给以批判。这些理论范畴、基本概念究竟应该如何科学理解、准确把握和运用，当前又强调“以人民为中心”，它们之间的联系和区别有必要在理论上进行深入探讨。

## 一

**“以人为本”语出我国古代文献，表达了有为的统治者治国理政的工具价值观，也表达了优秀思想家朴素的人的主体性观念**

“以人为本”是中国传统文化的范畴，是其独特的表述方式。它的最早出处是《管子·霸言》:“夫霸王之所始也，以人为本。

---

* 节选自《改革与战略》2016 年第 11 期，收录时有删节。

本理则国固，本乱则国危。”几乎仅有的另一出处，是《贞观政要·务农》:“太宗谓侍臣曰：凡事皆须务本。国以人为本，人以衣食为本，凡营衣食，以不失时为本。”无论管子还是唐太宗，都是我国古代有为的大臣和君主，他们无论是为了辅佐齐桓公争霸，还是巩固唐朝皇权统治，都注重推行利民政策，使国强民富。这里的“人”指的是普通百姓，这里的“本”是指治理国家的根本、基础，治国理政必须关注的最重要的问题。“以人为本”在古代文献中并不多见，多见的是“以民为本”，二者含义相通、相同。如《管子·牧民》等说:“予之为取，以民为本。”“齐国百姓，公之本也。”《荀子·王制》的经典概括:“君者，舟也，庶人者，水也。水则载舟，水则覆舟。”这里的人、庶人就是民，就是百姓。为了实现自己的利益，就要顾及百姓的利益，要取之，必先予之。很明显，这里强调百姓为本，只是用他们换取自身存在和发展的手段与工具。“予之为取”，给予是为了得到、取得。忌惮人民的力量是怕被推翻。毛泽东曾一针见血地指出这里以人为本主张的实质:“不论是中国还是外国，古代还是现在，剥削阶级的生活都离不了老百姓。他们讲‘爱民’是为了剥削，为了从老百姓身上榨取东西，这同喂牛差不多。喂牛做什么？牛除耕田之外，还有一种用场，就是能挤奶。剥削阶级的‘爱民’同爱牛差不多。我们不同，我们自己就是人民的一部分，我们的党是人民的代表，我们要使人民觉悟，使人民团结起来。”这里鲜明地揭示了古代的封建的统治者所主张的“以人为本”，及其“德治”“仁政”的工具价值的确切含义和本质特征。中国共产党与剥削阶级讲的以民为本根本不同，讲的是人民，共产党则是人民的一部分，除了人民的利益外，它没有自己的特殊利益，必须始终坚持代表人民利益的根本立场。共产党领导的社会主义国家，党和国家与人民群众的关系不是舟水关系，而是鱼水关系，也可以说是血肉关系。党政干部是人民的公仆，为人民谋利益，为人民服务是其根本宗旨和价值目标。这是从《共产党宣言》到中共十六届三中全会提出的“以人为本”，中共十八届五中全会提出的“以人民为中心”始终坚持的基本原则。

古代有些优秀的思想家，由于感受到人民推动生产力发展的巨大力量，由崇拜自然和神灵，转变到相信人民自身的力量，产生了朴素的人民主体性的观念。《尚书》中记载：“天聪明，自我民聪明；天明威，自我民明威。”“民之所欲，天必从之。”“惟天地万物父母，惟人万物之灵。”孔子在《孝经》中说：“天地之性人为贵。”孟子在《尽心下》中说：“民为贵，社稷次之，君为轻。”范仲淹在《岳阳楼记》中说：“居庙堂之高，则忧其民；处江湖之远，则忧其君。”这里的君民关系似乎是平等的亲密的，人民的智慧大于天，统治者不可违背民意。但他们仍然是站在政治统治者的立场上重视人民百姓的力量和作用，不过，也显示出一些开明的统治者和他们的精英们的朴素的人的主体性、人民主体性的观念。这是我国古代思想文化中的最精华之处。

## 二

**“以人为本”的道德观、治国理政工具价值观是一个具有两重性的范畴，既包含了一般人的共性，又含有特殊社会形态具体的社会内容**

“以人为本”在我国传统文化中认可了人民群众的主体地位，肯定了人民群众的历史作用，无疑是对的，如果从这个角度理解，“以人为本”是有一定道理的，但这并不是唯物史观的核心内容。所以，马克思、恩格斯从来不用“以人为本”来表述自己的世界观和历史观。马克思在《路易·波拿巴的雾月十八日》中指出：

“人们自己创造自己的历史，但是他们并不是随心所欲地创造，并不是在他们自己选定的条件下创造，而是在直接碰到的、既定的、从过去承继下来的条件下创造。”而且“是在十分确定的前提和条件下创造的”，其中经济的前提和条件归根到底是决定性的。“但是政治等的前提和条件，甚至那些萦回于人们头脑中的传统，也起着一定的作用，虽然不是决定性的作用。”正是这些不以人的意志为转移的客观条件和规律决定着人民群众的思想和行动，决定着现实的人民群众创造历史的活动。因此，“以人为本”不能完整准确地表述辩证唯物主义的世界观和历史观。

马克思主义的世界观和历史观是建立在对“人”的科学理解上的，辩证唯物主义的世界观和历史观所说的“人”不是抽象的“人”，而是处于一定历史阶段的现实的“人”，即一定社会关系、生产关系的人格化。

崇尚和张扬人性，歌颂人的主体性、自主性，是西方资产阶级登上历史舞台时举起的旗帜，它颠覆了之前的人身的依赖关系的封建性，确立了以物的依赖关系为基础的个人的独立性。西方封建社会时期处于支配地位的是神学世界观、历史观。直至15世纪，资产阶级兴起，人文主义成为资产阶级反封建的思想武器，它崇仰自然贬低神，确立人的价值和主体地位。18世纪的启蒙学派将人文主义发展为人本主义，无论是对人的认识，还是反封建的坚定性，都表现为社会历史进步的发展过程。随着资产阶级取得统治地位，自由、平等、博爱这类社会意识逐渐凸显，资产阶级世界观和历史观的最高水平的代表是费尔巴哈的唯物主义世界观和人本主义的历史观。青年时期的马克思、恩格斯深受费尔巴哈的影响，当他们从民主主义转变为共产主义时，主张的是人本主义的共产主义，其典型表现是在《1844年经济学哲学手稿》中，将共产主义表述为人的本质异化和复归的过程。他们在1846年和1848年的《德意志意识形态》和《共产党宣言》中，彻底批判了人本主义的历史观，创立了历史唯物主义和科学社会主义。

历史唯物主义和科学社会主义的创立，并不意味着“以人为本”和“人本主义”在当今世界就失去了存在的余地。“以人为本”和“人本主义”在道德观和治国理政的工具价值观上具有“二重性”，它一方面反映了人类社会的生存发展必须以每个人的生存发展为前提，在这种观念基础上产生的人与人之间必须遵循的一些基本原则，由一些精英加以提炼概括形成了一些价值观、道德观范畴，如仁、义、礼、智、信，以此规范人们之间日常生活和日常工作的价值、道德原则。这些价值和道德原则，维护着社会的和谐存在和日常生活、工作的正常进行；这些观念和原则也构成了统治阶级治国理政的工具。这些原则都是必要的，因此在传统文化中流传下来，成为一种共同价值和观念，被人们代代继承下来。

“二重性”的另一方面，是在不同的社会形态下，“以人为本”和“人本主义”具有不同的阶级性质和特殊内容。在西欧的封建制度下也有“人是万物的尺度”一类人的主体性思想，后来发展到西欧资本主义的人文关怀和人本主义观念，这反映出资本主义经济制度下，由于生产力的发展，个人的力量增强，因而人的独立性增强，自由意识也就逐渐增强。特别是在生产力发展的基础上产生了一个新的阶级——资产阶级，它与以往的剥削阶级不同，它不是单纯强制地从劳动者身上榨取剩余劳动，而是通过组织生产来占有劳动者的剩余劳动。资产阶级作为当时先进生产力的代表，最初是把自己和工人看成同一的，面对着限制、压迫和剥削他们的封建贵族、宗教神权，他们联合广大工人对贵族和神权进行反抗和斗争，特别突出了要求自由、平等和民主，强调个人在历史发展中的作用。人本主义就是这种社会历史发展要求的反映，资产阶级要依靠和领导工人为其打天下。

资本主义生产方式是人本主义思想以及与之相联系的自由、

平等、民主等观念的物质生产基础，是这种经济基础必然的上层建筑的意识形态。资本主义经济基础和上层建筑是人类社会历史发展的必经阶段，它的产生有其必然性，资产阶级是当时推动社会历史发展唯一可能的力量，因此，人本主义思潮在当时有进步意义。这里的人表面上是指所有的人或抽象的人，实际上是用抽象的人掩盖着阶级的人，即实际追求自己阶级私利的人格化的资本，其本质具有特殊的阶级性，即特殊的社会关系的具体本质。这里的自由概念掩盖下的实质内容是资本家投资、剥削的自由，购买劳动力商品的自由。而雇佣工人的自由，只不过是自己出卖劳动力供资本家剥削的自由。不同的社会形态及其内部不同的阶级，以及社会分工中处于不同地位的人，其价值观念、道德观念的具体内容是根本不同的。“以人为本”“人本主义（人道主义）”在不同的社会形态下，既有日常生活和日常工作的一般共性的一面，这里包括个人生存和发展的最基本的社会关系处理原则，没有这些原则，每个人都不可能生存和发展，如仁爱、诚信、忠孝、自由、平等等道德原则。这些原则之所以具有共性，在于它是植根于共同人性，即个人生存发展的基础条件。除这些外这里又包括表现特殊的阶级本性、社会本性的实质内容的另一面。在阶级社会或存在不同阶级、阶层、利益集团的社会中这种“两重性”是普遍存在的。

## 三

**中国共产党提出的“以人为本”与以往的“以人为本”、人本主义具有根本不同的社会关系内容，它是指党一贯坚持的“为人民服务”的根本立场和价值导向**

2003年党的十六届三中全会的《关于完善社会主义市场经济体制若干问题的决定》提出了“以人为本”的科学发展观。它明确指出，“以人为本”是建立在历史唯物主义基础之上的“人民群众是历史的主体、历史的创造者”“人民自己解放自己”“全心全意为人民服务”等表述中国共产党的根本立场和价值导向的范畴，是中国共产党建党95年来一贯坚持的根本立场和价值导向，也是全党全国人民普遍接受、深入人心的观念。用“以人为本”来表述上述意思，一时许多人不习惯，有些学者甚至将其与封建社会的“以人为本”和资本主义的“人本主义”相提并论。这些争论表现出没有把握“以人为本”“人本主义（人道主义）”范畴的“两重性”。

究竟应如何正确地理解和运用“以人为本”和“人本主义（人道主义）”，20世纪80年代，我国学术界曾进行过大讨论。人们在反思和批判“文化大革命”的错误中，有人认为这是因为社会主义出现了“异化”，不重视人的价值、尊严甚至生命，这是因为长期批判、否定“人本主义（人道主义）”的结果。因此，要把克服“异化”和确立“人本主义（人道主义）”的世界观、历史观和价值观，作为党的指导思想。有的学者却坚决反对主张和实行“人本主义（人道主义）”。讨论的结果基本取得共识：否定了世界观和历史观意义上的“人本主义（人道主义）”，肯定了价值观、伦理观意义上的“人本主义（人道主义）”。

正确理解和运用中国共产党提出的科学发展观中的“以人为本”，由2007年党的十七大报告作出权威性解释：“必须坚持以人为本。全心全意为人民服务是党的根本宗旨，党的一切奋斗和工作都是为了造福人民。要始终把实现好、维护好、发展好最广大人民的根本利益作为党和国家一切工作的出发点和落脚点，尊重人民主体地位，发挥人民首创精神，保障人民各项权益，走共同富裕道路，促进人的全面发展，做到发展为了人民、发展依靠人民、发展成果由人民共享。”这里的“人”不是抽象的人，而是有具体规定的社会中的现实的人，即人民、劳动者大众，“以人为本”，讲的是党一贯坚持的“为人民服务”的根本立场和价值导向。

全心全意为人民服务，作为中国共产党的根本立场、根本宗旨和价值导向，党成立95年来始终未变。“以人为本”最核心的思想就是“为人民服务”，这是中国共产党及其领导的国家政权，全体社会成员普遍认可的、努力坚持和践行的根本立场和价值导向。这在以往的社会中是不可能产生和存在的，在他们那里，实际存在的只能是人民为他们服务。不可否认，在以往的社会中也有不少开明之士，也怀有高尚的情操，也会毫不吝啬地主张“以人为本”和“人本主义”，但却没有丝毫“为人民服务”的意思。马克思揭露：“从社会的角度来看，工人阶级在直接劳动过程以外，也同死的劳动工具一样是资本的附属物。甚至工人的个人消费，在一定限度内，也不过是资本再生产过程的一个要素。……工人的个人消费一方面保证他们维持自己和再生产自己，另一方面通过生活资料的耗费来保证他们不断重复出现在劳动市场上。罗马的奴隶是由锁链，雇佣工人则由看不见的线系在劳动市场上。”

然而，在中国共产党领导下的社会主义制度中，在政治治理上只讲“以人为本”就显得不鲜明、不准确。人们容易只从它的“二重性”上的道德观、价值观的一般性的日常生活和日常工作上理解，而不能对政治经济建设实践提出明确的目标和方向。中国特色社会主义的经济、政治、文化、社会、生态各个方面的发展、建设，客观上要求在决定国家发展的道路路线、大政方针上，提出比“以人为本”更为鲜明、准确的治国理政的核心理念，“以人民为中心”就是这样的理念。“以人民为中心”并不排斥“以人为本”，“以人为本”更适合于在日常生活和工作中坚持的理念，特别是一些具体的公共服务领域的工作，如教育、医疗、社会保障等方面的具体工作，提“以人为本”还是恰当的。

（胡钧，中国人民大学经济学院教授；施九青，天津师范大学社会主义研究所教授）

# 当前中国服务型政府建设的主要任务*

许耀桐　傅晋豫

党的十八大报告指出:“建设职能科学、结构优化、廉洁高效、人民满意的服务型政府。”这一论述，为服务型政府究竟是什么样的形态确立了四大标准和四大目标，即“职能科学、结构优化、廉洁高效、人民满意”。建设服务型政府，是中国共产党为贯彻落实科学发展观作出的一个重大战略部署，标志着我们党对政府改革和自身建设认识的不断深化。建设服务型政府，既顺应了世界公共行政发展的潮流，也满足了人民群众的迫切愿望。随着民主意识、法治意识、竞争意识和参政意识的不断增强，世界各国和人民群众对政府的期望越来越高。在我国，特别迫切的是，要求解决政府在履行职能过程中许多不尽如人意的问题，如形式主义、官僚主义的问题；行政审批程序烦琐，推诿扯皮，效率低下的问题；不作为、乱作为，办事缺乏透明度的问题；一些官员腐败的问题。总之，只有建设服务型政府，才能有效地克服上述弊端，提高人民群众的满意度，树立人民政府的良好形象。

建设服务型政府，是一项巨大、复杂的系统工程。根据“职能科学、结构优化、廉洁高效、人民满意”的四大标准和四大目标以及中国的具体国情，当前中国的服务型政府建设，归结起来，应具体化为下述 12 项主要任务。

---

* 选自《行政论坛》2013 年第 3 期。

### 1. 深入贯彻以人为本理念

由于长期受传统观念的影响，一些政府部门及其工作人员，往往更多的是从“官本位”的角度来看待手中的权力，来对待群众，不同程度地存在重权力轻责任、重管理轻服务的现象，这亟待克服。中国是社会主义国家，我们提出建设服务型政府，最重要的一条就是，服务型政府是以人为本的政府。以人为本的政府理论，来源于马克思主义早在19世纪提出来的政府官员是“人民公仆”的观点，毛泽东曾据此提出“全心全意为人民服务”。邓小平说，我们的政府是人民的政府，应该以“人民高兴不高兴、人民答应不答应、人民满意不满意”，作为政府施政的目标。“三个代表”重要思想，要求更好地为最广大的人民群众服务，这可以说是服务型政府建设的题中应有之义。“以人为本”是科学发展观的核心立场，我们党强调“以人为本”，要求政府和官员必须“权为民所用、情为民所系、利为民所谋”。政府的权力来自人民，必须服务于人民，接受人民的监督。政府出台的每一项政策，制定的每一个举措，都应该尊重人民意愿，体现人民要求，为人民利益服务。只有时刻把人民群众利益放在首位的政府，坚定不移地贯彻以人为本执政理念的政府，才是服务型政府。

### 2. 确立政府职能有限理念

中国要破除“全能政府”的观念，确立“有限政府”的理念。所谓“有限政府”，即政府的管理职能是有限的。在市场经济体制下，政府应充分发挥市场在资源配置中的基础性作用，政府的基本职责在于纠正“市场失灵”和“社会失灵”。1978年实行改革开放后，虽然中国逐步地走上市场经济的道路，不断加强市场机制在资源配置中的地位，但是，政府职能在很大程度上仍然发挥着强势的支配作用，扮演着“全能政府”的角色。一些政府部门仍热衷于管理那些管不好也不该管的事情，其原因就在于这些事情具有既得利益可寻。如何从“全能政府”走向“有限政府”，事实上就是转变政府职能、规范行政管理权力的过程，要求政府实现“自身解放”。正因为如此，我们要下决心坚定不移地推进行政体制改革，深化行政体制改革。正如党的十八大报告指出的，要“深入推进政企分开、政资分开、政事分开、政社分开”。以转变政府职能为重点，加强和完善宏观调控，减少和规范行政审批，把政府职能切实转变到“创造良好发展环境、提供优质公共服务、维护社会公平正义”的轨道上来。需要说明的是，建设服务型政府不能误解为政府提供的服务越多越好，不能把政府当作人民的“保姆”，不能所有的社会服务都要让政府部门提供，政府提供的公共服务是有限服务而非无限服务；不能把政府看作是公共服务的唯一提供者，各种非政府组织、企业单位和公民个人也是公共服务的有效提供者。

### 3. 推进政府法治建设

中国政府自20世纪90年代以来开始推进依法治国进程，但政府治理仍存在着“人治”现象。一些政府官员往往把自己看作是“父母官”，而不是把公民看成是社会主人；只认政府为唯一公共管理主体，而排斥民间组织（NGO）等参与公共管理；各级官员习惯于操纵权力，搞“暗箱操作”，而不愿意“权力在阳光下运行”，公开执法，接受监督；他们更热衷于行政自由裁量权，甚至追求超越于宪法和法律之上的特权，导致了政府管理仍存在长官意志现象，法律形同虚设，违法现象时有发生。当上级领导的批示和指示违反了法律和政策时，下级单位和公务员往往是宁可违法，也不敢违背领导意志。党的十八大报告指出，“全面推进依法治国。法治是治国理政的基本方式。要推进科学立法、严格执法、公正司法、全民守法，坚持法律面前人人平等，保证有法必依、执法必严、违法必究。”服务型政府必然是法治政府，推进法治建设，塑造法治政府，是发展市场经济和民主政治的关键，是保护公民权利和公民自由的需要。法治政府的形成和运行，就是要保证如党的十八大报告所阐述的使“任何组织或者个人都不得有超越宪法和法律的特权，绝不允许以言代法、以权压法、徇私枉法”。

### 4. 推进政府民主化建设

习近平同志在2010年9月1日中央党校秋季开学典礼上提出“权为民所赋”。政府的权力是人民赋予的，政府的政治官员必须经由人民授权才是合法的。目前，我国政府的政治官员主要靠选拔任命产生，这不利于落实人民群众民主选举的基本权利。在现行干部选拔任命制度下，公务员的晋升主要依赖于上级部门及其领导的信任和赏识。其结果是，公务员层层对上负责。由于目前中国官员的晋升之路，主要决定于上级组织部门，结果导致官员“眼睛朝上看”，把主要精力用于领会上级意图、揣摩领导心思，而不是“眼睛向下看”，更好地为公民和社会提供服务。时间长了，必然在政府部门容易滋生异化了的行政文化，在一些公务员看来，“为人民服务”就是“为首长服务”，“首长满意”就是“人民满意”。如何转变官员“眼睛向上看”的不正常现象呢？最根本的途径是通过组织竞争性的民主选举，让人民拥有从若干个政治精英中选择行政首长的权力。在民主选举的制度之下，选票捏在老百姓手中，官员就不能无视群众，而必须眼睛向下看。一旦离开群众，就意味着自己没有当选的机会。由此可见，只有发展和完善民主机制，通过民主选举，产生政治官员并将政府官员置于社会公众的监督之下，才能切实保障政府官员勤政为民。此外，政府还要拓展有效的公民参与渠道，通过完善立法听证、决策听证、价格听证等途径，提高公民的政治参与热情和对政府治理的影响力，将民意测评和人民满意程度作为评价政府的重要指标。

## 5. 建立权力相互制约和相互协调的运行机制

党的十八大报告指出:“要确保决策权、执行权、监督权既相互制约又相互协调，确保国家机关按照法定权限和程序行使权力。”政府的权力需要分解，政府的权力更需要制约。英国政治学家阿克顿早就指出，绝对的权力，绝对的腐败。对于政府权力，需要在政治制度的设计上采取防范措施，也就是要对政府权力进行分开和制约，在政府的权力范围内实行分权并建立相互制约、相互协调的运行机制。只有建立权力制约和相互协调的运行机制，才能有效地防止出现任何个人和组织过分集权或独揽大权的极端情况，制止政治权力在运行过程中产生的主观随意性。为此，党的十八大报告明确把权力结构划分为“决策权、执行权、监督权”三大构成部分，使这“三权”之间相互制约，并形成有效的运行机制。这样一种“三权相互制约”的权力结构，从根本上防止了对权力的滥用。

## 6. 推进政府机构大部制改革

所谓大部制，即大部门体制的简称，是指在政府的部门设置上，通过优化机构，将相似职能集中在一个大的部门中，解决“左右一样齐、上下一般粗”的问题，按照“精简、统一、效能”的原则和“决策权、执行权、监督权”既相互制约又相互协调的要求，以便最大限度地避免政府职能交叉、政出多门、多头管理，从而达到提高行政效率，降低行政成本的目的。2008 年 3 月中共中央在《关于深化行政管理体制改革的意见》中提出“探索大部门制”，2011 年国家制定的“十二五”规划纲要指出，“坚定推进大部门制改革，着力解决机构重叠、职责交叉、政出多门问题”。党的十八大报告强调，“稳步推进大部门制改革，健全部门职责体系”。大部制改革成为必须推行的决策和慎重进行的改革步骤。目前，发达国家的政府组成部门在中央一级一般在 20 个以内，州省一级为15个以内，郡县则为10个以内。反观我们，虽然改革开放以来经过七次机构改革，但国务院组成部门还有25个，省一级为40—45个，县一级为30—35个。由此可见，政府机构大部制改革的空间还很大。

**7. 实行省直管县（市）体制**

党的十八大报告指出，要“优化行政层级和行政区划设置”，“探索省直接管理县（市）改革”。目前，中国的地方行政层级，广泛实行了省（区、市）、市（地）、县（市）、乡（镇）的四级制，形成了宝塔式的地方政府层级结构。这是中国自古以来地方政府层级设置最多的时期，在当今世界上的地理和人口大国中也鲜有其例。一般来说，世界上绝大多数国家的地方政府层级设置，均实行两级制。十八大后中国新一轮的行政体制改革，有必要适当减少地方行政层级，将现存的四级制逐步缩减为三级制，促进地方治理结构由宝塔型转向橄榄型，实现扁平化。改革的思路可以选择：适当缩小省、区规模，增设省级行政建制；改革市领导县体制，实行市、县分设分治，赋予县级政府更大的行政和财政自主权。所谓适当缩小省、区规模，就是在行政区划设置上，把一个大省分解成为几个省，或者从几个省中划出一块再设一个省，由此，中国的省级建制可以考虑增设至50—60个。对于省级以下的市、县级行政区划，应实行市、县分设分治，即十八大报告指出的，“探索省直接管理县（市）改革”。今后，凡省会市和地级市政府，只管理其城市和郊区，除了自身的城市和郊区之外，其他的县（市）改由省政府直接管理，这样就能减少一个行政管辖层级。

**8. 推进政府绩效建设**

当前，中国各级政府的财政支出都奉行预算为本，而不是绩效为本或结果为本。于是之造成从中央到地方，每个政府部门竭尽全力去扩大自身的预算基数，以便争取尽可能多的财政预算。

与这样的预算型政府不同，绩效型政府则十分注重投入—产出结构，进行成本—收益分析，坚持以结果为导向，以结果为根本，以实际绩效作为财政年度预算的基本依据。党的十八大报告指出，要“严格控制机构编制，减少领导职数，降低行政成本”。绩效评估，是改进政府治理的重要环节，有利于提高行政效能，降低行政成本，提升公共服务质量。推进政府绩效建设，需要改变以往的重决策、轻执行、轻评估的状况，尽可能地拓展公民参与渠道，科学设计绩效评价的要素、指标和程序，特别是要引入独立的第三方组织，参与绩效评价，完善绩效评价体系。对于发生的一些重大的、突发的公共事件，应采取外部评价机制，成立独立的评估机构，通过组织听证会、民意调查等方式，提高绩效评估的科学性、独立性和公正性。

### 9. 推进政府透明化建设

党的十八大报告指出，“推进权力运行公开化、规范化，完善党务公开、政务公开、司法公开和各领域办事公开制度”，“让人民监督权力，让权力在阳光下运行”。所谓实行权力公开、权力在阳光下运行，就是建立透明化政府。透明化政府，是指政府制定的公共政策和实施的管理措施必须及时向社会公开，凡是不公开的政策不能实施。政府制定的公共政策和实施的管理措施，表现为政府信息。将政府信息公开，是公民参与和完善政策过程的前提条件。从科学管理和政策优化出发，除涉及国家机密、社会安全和商业秘密外，政府管理所涉及的各种信息资源，以及公共政策和调研报告等，都应当对社会公开。关于政府信息公开，当今世界上已有一百多个国家制定了《政府信息公开法》，中国在2007年4月也制定了《政府信息公开法》。因此，政府信息公开和公众获得政府信息的权利（知情权），被一系列的国际法律文件所确认。在今天的信息社会，政府信息公开已经为建设透明政府，实行阳光下的公共行政，为公民参与和政府评价，提供了基础性的资源。近年来，我国的政府信息公开建设虽在不断发展，但也存在着故意隐瞒涉及重大社会利益或政府治理失败的那些政务信息。为此，还必须加大政府信息公开力度，取信于民。

**10. 推进政府责任建设**

推进政府责任建设，即要构建责任政府。所谓责任政府，即政府的权力和责任始终是一对“双胞胎”，政府有权力、必担责，权力连带着责任，“责任也必然离不开权力，问责制是服务型政府建设的一项必不可少的制度”。党的十七大报告明确指出：“加强对领导干部特别是主要领导干部、人财物管理使用、关键岗位的监督，健全质询、问责、经济责任审计、引咎辞职、罢免等制度。”2009 年 7 月 13 日，中共中央印发了《关于实行党政领导干部问责的暂行规定》，规定党政领导干部受到问责的主要有决策严重失误，工作失职，管理、监督不力，滥用职权或者不作为，对群体性、突发性事件处置失当，用人失察、失误，给国家利益、人民生命财产、公共财产造成重大损失或者恶劣影响等七项。同时规定，对党政领导干部实行问责的方式分为责令公开道歉、停职检查、引咎辞职、责令辞职、免职五种问责方式，轻重程度各有不同。受到引咎辞职、责令辞职、免职的党政领导干部，一年内不得重新担任与其原任职务相当的领导职务。一年时间到了，才可对引咎辞职、责令辞职、免职的党政领导干部，根据其工作需要以及本人一贯表现、特长等情况，由党委（党组）、政府按照干部管理权限酌情安排适当岗位或者相应工作任务。

**11. 推进政府电子政务建设**

政府的电子政务建设，即建设电子政府。电子政府是指在政府内部采用电子化和自动化技术的基础上，利用现代信息技术和网络技术，建立起网络化的政府信息系统，并利用这个系统为政府机构、社会组织和公民提供高效的、便捷的政务信息和政府服务。电子政府朝着这样一个理想的服务形态发展：第一，在公民尚未进入政府机关时即可获取大量的、丰富的信息；第二，公民只要在单一机关办事，所有的问题皆可随问随答，所办的事情立等可取；第三，如果公民申办的事情牵涉到多个机关，那么可在一处政府机关即可全部办理；第四，公民也无须直接进入政府机关，完全可经过电脑连线申办。政府的公共服务，将朝着“单一窗口”或“跨机关”的“24 小时”不间断的“自助式”服务的方向发展。从本质上说，电子政府要求政府创新其服务的方式，使政府服务更为快捷、更为方便、更为畅通、更为直接、更为公平、更具有高附加值。从世界范围来看，电子政务在促进政府行政向着现代化、民主化、公开化、效率化方面发展，起着十分重要的作用。这里，特别需要指出的是，现代信息和通信技术的发展，对政府管理理念、政府治理结构、政府程序和工作流程、政府政策和政策制定都发出了巨大的冲击波。电子政务在促进政府反应力，提升政府沟通效率，提高决策质量和水平，人力精简和有效运用人力资源，节约政府开支与经费，扩大公民参与，创新政府服务等方面均显示了其比较优势。因此，要加快政府的电子政务建设步伐，着力建设一个无缝隙的政府（seamless government），即公民在任何时间和地点都可以得到政府的服务。

## 12. 推进政府反腐倡廉建设

服务型政府必然是廉洁政府。推进政府反腐倡廉建设是塑造廉洁政府的要求。当前，我国的各级政府面临着反腐倡廉的严峻斗争形势。根据国家预防腐败局公布的数字，1982 年至 2011 年，因违犯党纪政纪受到处分的党政人员达 420 余万人，其中省部级官员 465 人；因贪腐被追究司法责任的省部级官员 90 余人。最高检察院报告，2011 年全年共立案侦查贪污贿赂犯罪案件 2.5 万余件，其中大案1.8万余件，涉嫌犯罪的县处级以上国家工作人员2200余人（含厅局级198人、省部级7人）。2012年3月11日，最高人民检察院检察长曹建明向十一届全国人大五次会议报告工作时指出，加强反腐败国际司法合作，完善境内外追赃追逃机制，会同有关部门追缴赃款赃物计77.9亿元，抓获在逃职务犯罪嫌疑人1631人，同比上升27%。2013年1月9日，中纪委、监察部发布了2012年大案查办情况，全年因贪污贿赂受处分达30315人，平均每天83人。这些事实说明，政府必须加大反腐倡廉力度，塑造廉洁政府形象。为此，要加大对权力的制约监督，积极探索并实行财产申报制度，从源头上遏止腐败的发生。

（许耀桐，福建师范大学马克思主义学院院长、特聘教授，中共中央党校（国家行政学院）一级教授；傅晋豫，北京大学政府管理学院博士研究生）

# “放管服”改革的趋势与展望*

中国行政管理学会课题组

本届政府任期的五年，是我国现代化进程中的关键五年，也是实现全面建成小康社会目标的关键五年，更是为第二个百年奋斗目标开好头、起好步、打好基础的关键五年，“放管服”改革依然是重要抓手，仍有大量繁重而艰巨的工作要做。要以更大的放、更好的管、更优的服务，最大限度激发市场活力、增强内生动力、释放内需潜力，进一步解放和发展生产力，着力提升人民群众获得感，加快打造便捷高效、公平竞争、稳定透明的营商环境，建设人民满意的法治政府、创新政府、廉洁政府和服务型政府。

## （一）要从更深层面提升对“放管服”改革理念的认知

“放管服”改革是全面深化改革、完善社会主义市场经济体制的重要内容，也是推进行政体制改革、提高政府现代治理能力的关键举措，是政府的自身改革。下一步，要坚持新发展理念，围绕推动高质量发展，建设现代化经济体系，更加注重改革的系统性、整体性、协同性，注重补短板，抓落实，求实效。思想是行动的先导，伴随着改革不断深化，对“放管服”改革的理解不能简单地停留在简政放权、放管结合、优化服务的字面意思上，必

---

* 原题为《深化“放管服”改革　建设人民满意的服务型政府》，节选自《中国行政管理》2019 年第 3 期，本文为其中一部分。

须从改革理念和思想认识上进行深化提升。

“放”的核心意思是简政放权，说到底是政府角色定位问题，是要重新界定政府、市场、社会边界和相互关系，重点是补缺位、纠错位、控越位，让政府归位，目的是推进政府职能深刻转变，让市场在资源配置中起决定作用和更好地发挥政府作用。要继续加大政企、政资、政事以及政府与市场中介组织分开的改革力度，提高全要素生产率，最大限度减少政府对市场资源的直接配置和对市场活动的直接干预，把不该由政府管理的事项交给市场或社会。但市场机制的调节作用和社会组织的自我管理本身也需要培育，其考验的是政府定力和推动改革的能力。“放”要与建设法治政府相结合，清单管理制度依然是巩固和发展简政放权成果的重要载体，要尽快研究提出全覆盖的许可事项清单，清单以外事项一律不得作为限制企业经营的依据，要在责任清单和负面清单制度建立上下更大气力，真正让政府法定职责必须为，让企业和民众法无禁止皆可为，降低市场准入和民众创业门槛，激发社会组织和微观主体活力。

“管”的重点是放管结合和创新事中事后监管，但说到底是政府管理转型问题，政府管理变革要适应经济社会新常态、科学技术新进展和全面深化改革的新形势，涉及管理体制、部门职责、政府层级、运行机制、技术平台、法制保障等方方面面，目的是建设现代政府。监管不光是市场监管部门一家的事，从管理角度来说，事中事后管理是监管，审批管理也是监管，制定法规政策也是监管，监督权力运行也是监管，对监管过程进行评估也是监管，无论是综合部门还是业务部门，都负有监管责任。要做好“管”，就要从决策、执行、监督全流程进行研究，要从机构、职责、人员、财力、技术、平台、能力甚至文化建设和政府层级职责划分等方面进行谋划，要从政策标准、审核把关、执行监督、服务管理和监管评估等全面进行制度设计和流程设计。要健全审管衔接机制以及决策执行监督相互协调制约机制，形成政府管理合力，营造全社会依法依规营商办事的浓厚氛围和公平有序宽松的市场环境。

“服”可以理解为优化服务，也可以增加创新服务和提供服务，可以包含政务服务、社会服务、公共服务、市场服务和管理服务等，核心是在“放”与“管”的全面深刻变化基础上形成的治理理念、治理机制、治理体系，是治理能力现代化，“服”既是改革举措，也是改革目标，目的是建设人民满意的服务型政府。为民众服务是政府的本分，要把能否做到企业和群众“办事不求人”作为衡量“放管服”改革成效的“试金石”，要创新服务理念、服务意识、服务渠道和服务方式，展现政府“放”和“管”的改革成效，变政府部门“端菜”为企业和群众“点菜”，变企业群众“来回跑”为政府部门“协同办”，努力提高行政服务效率。要大力推动跨地区、跨部门、跨层级信息数据开放共享，满足企业民众和地方政府普遍性政务服务需求，逐步实现政务服务事项“一网通办”。要不断完善基本公共服务体系，切实保障和改善民生，要调动市场力量增加非基本公共服务供给，更好满足群众多层次多样化需求，同时增强优质资源辐射效应，用好互联网这个工具，打破时空限制，让人民群众都逐步分享到优质公共服务。

## （二）要推进“放”“管”“服”重点改革举措的落实

“放”的方面。面对当前和今后的复杂形势和挑战，聚焦企业和群众所盼，仍应把简政放权作为重点，扭住不放，精准发力，有序推进。一是进一步完善从中央到地方各部门的权责清单体系，彻底解决权责清单标准不规范、不清晰、不统一问题，全面实行全国统一的市场准入负面清单制度，推动“非禁即入”普遍落实，根除民间投资、对外贸易、企业开办等领域存在的“明放暗不放”

和“卡脖子”现象。二是加大简政放权的覆盖范围和工作力度，要从经济领域向教育、卫生等民生和公用事业等领域拓展，还要提升下放权力的“含金量”，取消和下放一批企业群众反映强烈的企业资质、中介服务、工程建设、交通物流等领域审批事项。对一些目前还无法完全取消的许可事项，要采取压减审批范围的方式，将其中风险较低、通过事中事后监管可以纠正的部分坚决放开。同时也要对备案、确认、征求意见、登记、注册、目录、年检、监制、认证、审定和专项计划等变相审批事项进行清理、整治和规范，增强企业和民众的获得感。三是继续深化商事制度改革，推进工商登记全程电子化，加快推行电子营业执照，围绕“准入不准营”问题，在“多证合一”改革基础上，扩大推进“证照分离”改革试点，对与行业准营密切相关的涉企行政审批事项进行分类管理，逐步在全国推广。四是将点多面广、基层管理迫切需要且能有效承接的审批服务执法等权限赋予乡镇和街道，由省级政府统一制定赋权清单，依法明确乡镇和街道执法主体地位，成熟一批，赋予一批，确保放得下、接得住、管得好、有监督。五是建立自上而下的规范行政自由裁量权体系。深入研究、拿出实招，明确政府部门内部各自的职责范围和办事程序，最大限度地缩小行政自由裁量权，减少内部相互扯皮推诿的现象。

“管”的方面。政府“管”的改革，在体制、机制、法制、能力和文化等诸多方面都有寻求突破的空间。一是合理配置监管资源，构建新型监管体系。进一步研究中央和地方监管职能责任划分以及事权财权划分问题，确保监管政策制度化落地。在一级政府层面，也要研究综合监管问题，要把监管机构改革中合并的职能统一起来，没有合并的职能也要加强衔接，全面深化市场监管等领域综合行政执法改革，清理规范行政处罚事项。二是把简政放权同加强监管紧密结合，同步研究，相向实施。在研究简政放权的同时，一开始就要考虑到事中事后监管的配套实施细则，消除监管盲点，以避免实际工作中放权和监管相脱节、审批部门和行业监管部门推诿扯皮等弊端，构建登记注册、行政审批、行业主管相互衔接的监管机制，确保事有人管、责有人负。三是加快建立健全以“双随机、一公开”监管为基本手段、以重点监管为补充、以信用监管为基础的新型监管机制，推进全国统一的信用信息共享交换平台建设，构建以信息归集共享为基础，以信息公示为手段的监管制度，深化完善联合奖惩机制，创新经营异常名录和“黑名单”制度，建立信用修复机制和市场主体强制退出机制。四是充分利用互联网、物联网、大数据、云计算等技术手段创新政府监管，推进“互联网＋监管”，加快实现“智慧监管”。鼓励开发综合监管系统，整合抽查抽检、定点监测、违法失信、投诉举报等相关信息，使用智能化执法终端，加强监管风险监测研判，做到早发现、早预警，提高市场监管效能。五是对新兴产业实施包容审慎监管，在不突破安全质量底线的情况下，量体裁衣，及时进行引导或纠正。六是持续优化营商环境，对标国际先进水平，推动出台更多优化营商环境的硬举措，建立健全符合我国实际的营商环境评价体系，打造国际一流营商环境。全面落实公平竞争审查制度和公正监管制度，清理废除现有政策措施中涉及地方保护、指定交易、市场壁垒等方面内容。同时还要监测评价政府政务诚信状况，开展政府机构失信专项治理，纠正地方政府不守诺、“新官不理旧账”等问题。

“服”的方面。优化服务既是“放管服”改革的重要内容，也是改革的核心目标，要从服务理念、服务平台和服务方式等多方面进行深化和提升。一要从研究企业全生命周期提升市场主体服务水平。要梳理登记开办、项目投资、不动产交易、水电气报装、员工招聘、设备购置、生产销售、获得信贷、并购重组、清算注销等，通过流程再造，形成标准化规范化的办事事项和办事指南体系。在此基础上，继续探索实现对特定项目的全要素重组，快速找到环节最少、流程最优的项目报批路径，为企业开办、成长和退出提供定制化的“一条龙”服务，特别要关注企业成长和发展的一些问题，比如中小微企业发展中的融资难问题，企业经营过程中检查评比多问题，企业经营管理中的税费过高问题，还有技术创新支持和各种产权保护等问题，都需要政府进一步做好改革配套服务。当前特别要加大对工程建设项目审批服务改革力度，继续完善“多规合一”“一张蓝图”“区域评估、联合评审、多评合一、联合验收”等制度，按照全流程、全覆盖要求，在全国范围继续推进审批流程、信息数据平台、审批管理体系、监管方式“四统一”改革，把相关审批时间压缩到120个工作日以内，进一步优化营商环境。二要研究人的全生命周期提升社会民众服务水平。要梳理个人出生、上学、就业、结婚、生育、置业、就医、退休、养老、殡葬等公民一生需要办理的各类事项，并按照主题分类对事项进行“最小颗粒度”梳理。继续加大减证便民工作的力度，对确需保留的证明，实行清单管理，清单之外不得索要证明，要协调有关部门本着方便群众办事的原则为群众开具必要证明，同时还要积极开展证明事项告知承诺制试点，方便群众办成事。此外，要把不动产登记作为未来五年便民服务的重点领域，通过作风整治、“一窗受理”、全程电子化系统建设等方式打出行之有效的“组合拳”。三要依托政务服务中心提升服务效能。政务服务中心是解决政府与公众“最后一公里”或者说“最后一米”的问题，“放管服”改革必须打通这一道关，要把政务服务中心作为推进改革的抓手，加快构建统一的“一站、一门、一窗、一次”服务体系，通过转变传统管理方式，简化申报材料手续，优化再造业务流程，推动政务信息数据、相关证明信息等跨部门、跨区域、跨行业互认共享，切实做到“证件联用、信息联通、服务联动”，力促“群众跑腿”向“数据跑路”转变、“条块分割”向“整体联动”转变、“群众来回跑”向“部门协同办”转变，实现企业民众现场办事项“一窗受理、限时办结”和“最多跑一次”。四要依托“互联网＋政务服务”，让企业和群众办事更方便快捷。要推动更多政务服务事项上网办理，加快实现全国一体化政务服务平台上线运行，推进统一事项名称、编码、依据、类型等基本要素在国家、省、市、县四级统一，推动实现同一事项无差别受理、办理流程和评价标准统一，加快实现一网通办、异地可办和不见面办理。

## （三）及时为深化“放管服”改革提供必要的法治保障

习近平总书记强调，法治是最好的营商环境。深化“放管服”改革，优化营商环境，要树立法治理念，用法治思维和法治方式创新政府管理，从行为到程序、从内容到形式、从决策到执行都必须符合法律规定。随着改革向纵深推进，法律法规成为阻碍的情况越来越多，比如，一些地方推行电子证照、电子印章、电子签名、电子档案，由于法规不健全，造成认定使用难、跨地区办理难。尽管各地进行了很多探索和尝试，不同程度地突破原有政策法规的束缚，取得了积极成效，但要取得重大突破，还需按照在法治下推进改革、在改革中完善法治的要求，做好“放管服”改革法治保障工作。良好的市场经济体制环境所要求的法治，应当具备公开透明、稳定预期、规则有效且易于操作、不溯既往等内在要求，要及时把改革中形成的成熟经验制度化，让改革朝着法治化方向走。各地在改革试点中形成了很多改革模式，这是改革必经过程，但改革方向和最终目的是形成一套成熟固定、可预期、法治化的制度。

推进“放管服”改革必须筑牢法治保障的基石，按照重大改革于法有据的要求，各级政府部门要主动与人大及司法机构沟通衔接，保障改革在法制框架内推行，对于那些需要修改现行法规的改革举措，要立法决策与改革决策相结合，先修法再推行。一要对照几年来“放管服”改革措施和修法的相关决定，配合全国人大做好相关法律法规的立改废释工作。二要按照高标准严要求对国务院部门行政法规、规章、规范性文件进行全面深入清理，清理修改一切不符合新发展理念、不利于高质量发展、不适应社会主义市场经济和人民群众期盼的政策法规。三要清理省级人大条例、省级政府规章，清理那些不符合经济社会发展新形势和“放管服”改革新要求的法律规定，在清理行政许可项目的同时，还要同步清理各地具有审批特性的其他权力事项和公共服务事项，切断行政权力寻租、与民争利的灰黑路径。四要策略推进法治保障工作，要先易后难，凡是属于国务院及其相关部门范围内的行政法规和部门规章，本着“特事特办”的原则，及时加以修订。可参照经济特区、自贸区授权暂停实施某些法规条款的做法，综合授权一部分“放管服”改革先行省份，及时为深化“放管服”改革提供法律保障。对那些已明显落后于实际生活、阻碍“放管服”改革深入发展的有关上位法条文，建议按程序及时提请全国人大常委会审议修订。“放管服”改革与法治政府建设结合起来后，就有了持续不断的生命力。

（执笔人张定安，中国行政管理学会副秘书长，《中国行政管理》杂志社社长、研究员）

# 重要的是尊重人民的知情权*

李君如

在改革开放这样剧烈的社会变动和利益格局调整中，在人民群众中间出现一些不同的认识，甚至出现这样那样的意见，是难以完全避免的。问题的复杂性，在于现在出现的问题，不全是认识问题或理论问题，而是怎样保障群众实际利益的问题。只要你仔细地分析一下群众中的各种意见，并不是他们对党的方针、政策和国家的法律、法规不了解或不理解，而是对一些地方、一些部门不能很好地贯彻落实党的方针政策和国家的法律法规有意见。也就是说，许多问题并非认识问题，而是群众的权利实现问题。比如“收入差距如何缩小”“房地产调控如何坚持”“看病费用如何降低”“素质教育如何推进”“道德风气如何提升”“食品安全如何保障”“环境污染如何遏制”“反腐倡廉如何深化”，对党和政府来讲，几乎都有明确的方针、政策和法律、法规，但对群众来说，这些方面的权利没有得到有效的保障和实现，于是意见就来了。

对于群众的权利问题，我们的基本原则就是必须依法保障和落实。而要做到这一点，又有必要让群众充分了解事实的真相和全貌，了解党的方针政策和国家的法律法规。这就涉及人民群众的一项基本权利——知情权。党的十七大报告明确指出：“人民当家做主是社会主义民主政治的本质和核心。要健全民主制度，丰

* 选自《光明日报》2012 年 6 月 28 日，收录时有删节。

富民主形式，拓宽民主渠道，依法实行民主选举、民主决策、民主管理、民主监督，保障人民的知情权、参与权、表达权、监督权。”在公民有序的政治参与中，首先要让他们享有的，就是知情权。在今天的历史条件下，在全社会民主政治意识已经大大提高的社会环境中，我们从事党的理论工作和宣传工作的同志，一定要跟上时代前进的步伐，增强民主意识，尊重人民的知情权。也就是说，对于群众关心的热点问题，在“辩证看”的时候必须把事情的正面和反面、进展和不足客观地告诉公众，都毫不回避地讲清楚，然后分析问题的成因，指出党的方针政策和国家的法律法规对这些问题是怎么规定的，我们应该怎么来认识和对待。这就叫“尊重人民的知情权”。

（作者系中共中央党校（国家行政学院）原副校长）

# 以人民为中心视角下的企业员工思想教育工作路径研究*

陈俊宇

## 1　企业员工思想教育工作的重要意义

### 1.1　提高企业管理水平

企业的管理水平在很大程度上影响着一个企业的运行状况，企业的管理是一个全方位、各部门的具体实践过程，而充分参与这个实践过程的主体就是人，即企业的所有工作人员。马克思主义科学指明理念对理论的引领、理论对实践的指导。可见，做好企业员工的思想教育工作对于提高企业的管理水平具有重要意义。企业的管理既要审时度势，注重分析外部环境的影响，又要注重内部协同和问题解决，这就凸显了开展好企业员工思想教育工作的重要性。企业员工思想教育工作一方面能教育员工，让员工看清国、内外形势，以国家和人民利益为根本，不偏离社会主义本质；另一方面能教育企业员工改变工作态度、加强认识深度、提高干事热度，这是从内外统筹结合来提高企业的管理水平。

* 节选自《企业科技与发展》2017 年第 6 期，收录时有删节。

### 1.2 增强企业的凝聚力、竞争力

一个企业的运行应该为员工谋福利，狠抓经济发展、提高经济效益，为改善员工的工作、生活状况奠定物质基础。可见，企业运行的好坏，关系到每一个人的利益。企业的思想教育工作就是要让员工树立正确的思维导向，提高员工对企业的认同感、归属感，明白一荣俱荣、一损俱损的道理，每个人都应该为企业的发展努力工作、贡献力量，上下拧成一股绳，增强企业的凝聚力。在此基础之上，思想教育还能引导员工解放思想、提高认识，善于直面企业生产发展中面临的问题和挑战，能够及时认清、跟进企业发展的脚步，挖掘信心和智慧力量，避免消极的悲观情绪蔓延。企业只有通过对员工开展思想教育工作，才能使企业的凝聚力、竞争力得到保障。

### 1.3 促进企业生产力不断提高

生产力是推动社会进步的根本力量，更是稳定、促进一个企业不断发展的支柱力量。企业通过对员工进行思想教育，一是能开拓员工的工作思路，提高他们发现问题、自主创新的能力；二是能提高员工对新事物的接受能力，在生产、生活中，重视对新技术、新理念的思考，并灵活地运用在生产过程中，提高企业产品的附加值，增强文化韵味；三是通过对员工的思想教育，提高员工的大局意识，有利于让员工正确看待岗位分配、利益分配、职责分配。避免了企业内部的矛盾和冲突，提高了员工的获得感、正义感，这为员工积极工作奠定了精神基础。

### 1.4 帮助员工树立正确的价值理念

思想教育的重要内容就是积极塑造一个人正确的价值理念，树立确的人生观、价值观、世界观。员工和企业实质上是一个整体，在很大程度上员工的价值理念就决定了企业的核心理念和发展走向。通过思想教育，使员工能正确处理个人利益与集体利益，

懂得牺牲自己、奉献自己；使员工能正确处理相互之间的帮扶、沟通、协作，汇聚爱的意识，提高企业的人文关怀氛围，增强企业的感召力；使员工能够理性地看待企业科学的制度构建、规范调整、模式转变。最终，让员工把自己同身边人、同企业的发展、利益紧密地联系在一起，这就形成了一个巨大的推动力，实现了企业的健康、和谐发展。

## 2 当前企业员工思想教育工作存在的问题

### 2.1 轻视思想教育工作

思想教育的作用是巨大的，正确的思想具有强大的推动力、生命力，错误的思想具有强劲的破坏力、杀伤力。改革发展走到今天，我们看到了改革发展的伟大成就，但是随着市场经济的不断发展，不少企业的生存与发展往往过分偏重经济利益，轻视思想教育工作，把思想教育工作仅看作企业日常管理中无足轻重的组成部分，工作开展滞后。企业的管理者认为思想教育工作不能直接带来经济效益，就不重视思想教育工作。这种利益主导的发展思维又决定了企业不会积极主动地创新思想教育的工作方式，这大大妨碍了工作开展的适用性、鲜活性。企业的员工在学历、资历、理念、习惯等方面，往往具有差异性，由于企业自身不重视思想教育工作，这无形中也弱化了员工的自我思想教育意识。这样，员工在生活压力、消费意愿、利益追求的交织作用下，往往只看重自己的劳动付出和劳动所得，除此之外，很少会考虑别的事情。这就造成员工对思想教育的认识不足，对自身和企业的认知较为肤浅，也就导致他们往往缺少团结精神、奉献精神、利他精神。从以上分析可以看到，从企业的管理者再到企业的工作人员，自上而下地忽视思想教育工作，严重阻碍了思想教育在企业生存与发展中的作用发挥及对员工潜力的挖掘。

## 2.2　思想教育核心思想缺位、内容存在问题

当前，企业员工思想教育的工作内容存在不少问题，必须予以高度重视，认真梳理，唯有如此，才能更好地保障、促进企业发展。首先，企业的思想教育未能充分体现以人民为中心的思想。企业的思想教育对“人民”这一内涵理解不到位，“人类存在意义上的人、社会群体意义上的人、具有独立人格和个性的人”也就是说人民具有创造力、生命力、推动力，不应该忽视他们的主体地位。而当前企业员工的思想教育工作，依然是以经济利益为重，并没把“以人民为中心”放到发展全局来考虑，背离了人的发展，缺少对员工的关怀、重视。从某种程度上来说，这直接导致了企业思想，教育工作与员工之间的疏远，一个不能体现受者的思想，怎么能科学、良好地传输呢？其次，当前的思想教育工作内容缺少心意。企业思想教育就是以“企业职工为对象，以政治思想为中心内容的教育，主要研究企业职工思想发展规律以及如何提高企业思想教育效果等问题”，而思想教育的基础是马克思主义。马克思主义是一种动态的、辩证的科学，而不是一种一成不变的俗套内容。企业在开展思想教育工作时，在坚持马克思主义基本思想的基础上，很少从内容上实现与时事、国情、世情的结合。片面地追求教条化，不但内容枯燥，而且难以达到教育效果。内容安排不合理，主要是内容形式单一，针对性不强。在知识经济时代，就业人群的年龄往往呈现年轻化、高学历的特点，企业在开展思想教育工作时，必须注重调整内容。但是，在实际工作中，企业往往未进行科学分类和因材施教，这在一定程度上影响了思想教育的效果。

### 2.3 思想教育干部队伍建设不到位

思想教育工作的重要保障就是与此有关的干部队伍建设，没有一支强有力的干部队伍，就很难推动思想教育工作的开展。当前，一方面，面对激烈的市场竞争、巨大的市场压力、迫切的盈利需求，企业把主要的精力放在了科研、生产、销售环节，这就造成了人力、物力都集中在产品上，自然就忽视了对思想教育干部队伍的建设。同时，生产产品的员工和搞思想教育工作的干部的劳动报酬相差巨大，这就导致从事思想教育工作的干部往往年龄较大，思维不够敏捷，工作的积极性不高，年轻人多数不愿意从事这项工作。这样就意味着企业对思想教育干部的培养远远不到位。而且，好的思想教育干部往往要符合较高的标准，需要工作经验和足够的工作能力，这进一步造成干部队伍建设的不到位。

## 3 实现以人民为中心的企业员工思想教育工作路径

### 3.1 坚持以人民为中心的指导思想

马克思主义强调经济基础与上层建筑的辩证统一关系，经济基础的不断发展也伴随着上层建筑的调整和变革。在新的经济发展形势下，众多主客观因素交织叠加，各项经济工作“必须坚持以人民为中心的发展思想，把增进人民福祉、促进人的全面发展作为发展的出发点和落脚点，发展人民民主，维护社会公平正义，保障人民平等参与、平等发展的权利，充分调动人民的积极性、主动性、创造性”，“必须坚持发展为了人民、发展依靠人民、发展成果由人民共享，做出更有效的制度安排，使全体人民在共建共享发展中有更多的获得感”，特别是企业员工思想教育工作必须与时俱进、加快步伐。一是要尊重员工，员工是企业生产发展的力量主体，必须充分尊重员工在企业思想教育工作中的主体地位，引导员工把自己的发展和企业的进步紧密地联系在一起，提高员工的归属感、使命感。二是要理解、倾听、关心员工，思想教育工作性质特殊，要善于用心与心的沟通来拉近距离，彼此能够交流心声，用真情实感来打动对方。要认真倾听员工的意见，他们代表了大多数人的诉求，对员工的物质精神生活积极关心，帮难扶困。三是要激励员工，充分调动他们的工作热情，特别是对思想教育的关注、重视、参与，让他们认识思想教育工作的重要意义。

### 3.2 创新工作方式、强化规规范管理

时代在发展、社会在变革，企业思想教育工作必须与时俱进，不断发展，提高对实践的解释能力、对思潮的把控能力、对问题的解决能力。从发展理念来看，必须善于统筹国内外的大形势，善于洞察行业领域的新趋势，这样才能保证思想教育的鲜活性，才能把员工的思想和宏观形势科学地结合起来。从发展方式来看，必须改变传统的单一灌输的方式，转向教育与受教育的双向结合，通过彼此的沟通互动、意见交流，来达到教育的目的。从工作内容来看，创新内容的表达、排列，提高内容的时代感、鲜活性、针对性，使不同类别的员工都能真切地感受到思想教育。要扭转企业重生产、轻教育的状况，把思想教育和生产结合起来，不可分割，提高融合度。当前，企业员工思想教育工作存在的一个缺点就是对教育工作的管理不规范，因此规范化的管理必须形成制度。一是要实行主要领导干部责任制，由党委主要领导对企业的思想教育工作进行全面立体化管理，形成从上到下、层层传递的动态格局。二是要实现思想教育岗位责任制，设立专人专岗对企业的思想教育工作进行具体负责，强化考核机制，对不同层级的负责人进行考核指标量化。三是对思想教育的内容予以规范化、形式予以科学化、步骤予以条理化，有章可循但又不失灵活，对

该内容进行动态管理，及时根据企业发展需要或者员工的意见反馈进行调整。

### 3.3 加强思想教育干部队伍建设

首先，要摆正对企业员工思想教育工作的看法，企业的各级领导和负责人要充分认识到思想教育工作的重要性、艰巨性、长久性。必须把思想教育工作放到关乎企业生存发展、长远布局的战略高度，坚决扭转利益至上的发展势头。其次，提高对干部的素质要求和培养，通过统一考核的方式公平确定干部队伍的人选问题，建立健全录用、管理、退出机制；强化对干部队伍的培训力度，着重从思想教育、工作能力、个人素质入手，提高干部队伍的整体素质和综合能力；解决好从事思想教育工作干部的待遇问题，打破以往过分偏重生产技术的局面。解决好待遇问题，既能体现以人为本的公平正义，又能提高其工作的积极性、创造性。最后，企业要结合具体实际，科学调整干部队伍数量。“企业要打造一支专业程度高超和思想教育技能优秀的思想教育队伍，不光从思想教育者的质量和素质入手，也要从数量把握”。即，在保证工作质量的情况下，根据企业员工数量具体决定。这些干部要能完成对不同员工的解惑答疑，因人制宜、精准地开展思想教育工作。

（作者系广西剑麻集团山圩剑麻制品有限公司政工师）

# 五、感动中国

# 雷锋语录——为人民服务篇

◇雷锋帮战友洗衣服

人的生命是有限的，可是，为人民服务是无限的，我要把有限的生命，投入到无限的为人民服务之中去。

一个共产党员是人民的勤务员，应该把别人的困难当成自己的困难，把同志的愉快看成自己的幸福。

如果你是一滴水，你是否滋润了一寸土地？如果你是一线阳光，你是否照亮了一分黑暗？如果你是一颗粮食，你是否哺育了有用的生命？如果你是一颗最小的螺丝钉，你是否永远守在你生活的岗位上？如果你要告诉我们什么思想，你是否在日夜宣扬那最美丽的理想？你既然活着，你又是否为了未来的人类生活付出你的劳动，使世界一天天变得更美丽？我想问你，为未来带来了什么？

我要牢牢记住这段名言："对待同志要像春天般的温暖，对待工作要像夏天一样火热，对待个人主义要像秋风扫落叶一样，对待敌人要像严冬一样残酷无情。"

凡是脑子里只有人民、没有自己的人，就一定能得到崇高的荣誉和威信。反之，如果脑子里只有个人、没有人民的人，他们迟早会被人民唾弃。

……人民的困难，就是我的困难，帮助人民克服困难贡献自己的一点力量，是我应尽的责任。我是主人，是广大劳苦大众当中的一员，我能帮助人民克服一点困难，是最幸福的。

◇吴强年版画《雷锋》

凡是脑子里只有人民、没有自己的人，就一定能得到崇高的荣誉和威信。反之，如果脑子里只有个人、没有人民的人，他们迟早会被人民唾弃。

人民的困难，就是我的困难，帮助人民克服困难贡献自己的一点力量，是我应尽的责任。我是主人，是广大劳苦大众当中的一员，我能帮助人民克服一点困难，是最幸福的。

# 县委书记的榜样——焦裕禄*

穆青　冯健　周原

## 当群众最困难的时候，共产党员要出现在群众面前

那是个冬天的黄昏。北风越刮越紧，雪越下越大。焦裕禄听见风雪声，倚在门边望着风雪发呆。过了会儿，他又走回来，对办公室的同志们严肃地说:“在这大风大雪里，贫下中农住得咋样？牲口咋样？”接着他要求县委办公室立即通知各公社做好几件雪天工作。他说，“我说，你们记记。第一，所有农村干部必须深入到户，访贫问苦，安置无屋居住的人，发现断炊户，立即解决。第二，所有从事农村工作的同志，必须深入牛屋检查，照顾老弱病畜，保证不许冻坏一头牲口。第三，安排好室内副业生产。第四，对于参加运输的人畜，凡是被风雪隔在途中的，在哪个大队的范围，由哪个大队热情招待，保证吃得饱，住得暖。第五，教育全党，在大雪封门的时候，到群众中去，和他们同甘共苦。最后一条，把检查执行的情况迅速报告县委。”办公室的同志记下他的话，立即用电话向各公社发出了通知。

这天，外面的大风雪刮了一夜。焦裕禄的房子里，电灯也亮

---

* 节选自《人民日报》1966 年 2 月 7 日，收录时有删节。

了一夜。

第二天，窗户纸刚刚透亮，他就挨门把全院的同志们叫起来开会。焦裕禄说：“同志们，你们看，这场雪越下越大，这会给群众带来很多困难，在这大雪拥门的时候，我们不能坐在办公室里烤火，应该到群众中间去。共产党员应该在群众最困难的时候，出现在群众的面前，在群众最需要帮助的时候，去关心群众，帮助群众。”

简短的几句话，像刀刻的一样刻在每一个同志的心上。有人眼睛湿润了，有人有多少话想说也说不出来了。他们的心飞向冰天雪地的茅屋去了。大家立即带着救济粮款，分头出发了。

风雪铺天盖地而来。北风响着尖厉的哨音，积雪有半尺厚。焦裕禄迎着大风雪，什么也没有披，火车头帽子的耳巴在风雪中忽闪着。那时，他的肝痛常常发作，有时痛得厉害，他就用一支钢笔硬顶着肝部。现在他全然没想到这些，带着几个年轻小伙子，踏着积雪，一边走，一边高唱《南泥湾》。他问青年人看过《万水千山》这个电影没有？他说：“你们看，眼前多么像《万水千山》里的一个镜头呵！”

这一天，焦裕禄没烤群众一把火，没喝群众一口水。风雪中，他在九个村子，访问了几十户生活困难的老贫农。在梁孙庄，他走进一个低矮的柴门。这里住的是一双无依无靠的老人。老大爷有病躺在床上，老大娘是个瞎子。焦裕禄一进屋，就坐在老人的床头，问寒问饥。老大爷问他是谁？他说：“我是您的儿子。”老人问他大雪天来干啥？他说：“毛主席叫我来看望您老人家。”老大娘感动得不知说什么才好，用颤抖的双手上上下下摸着焦裕禄。老大爷眼里噙着泪说：“解放前，大雪封门，地主来逼租，撵得我串人家的房檐，住人家的牛屋。”焦裕禄安慰老人说：“如今印把子抓在咱手里，兰考受灾受穷的面貌一定能够改过来。”

就是在这次雪天送粮当中，焦裕禄也看到和听到了许多贫下中农极其感人的故事。谁能够想到，在毁灭性的涝灾面前，竟有那么一些生产队，两次三番退回国家送给他们的救济粮、救济款。他们说：把救济粮、救济款送给比我们更困难的兄弟队吧，我们自己能想办法养活自己！

焦裕禄心里多么激动呵！他看到毛泽东思想像甘露一样滋润了兰考人民的心，党号召的自力更生、奋发图强的精神，在困难面前逞英雄的硬骨头精神，已经变成千千万万群众敢于同天抗，同灾斗的物质力量了。

有了这种精神，在兰考人民面前还有什么天大的灾害不能战胜！……

## 他心里装着全体人民，唯独没有他自己

县委一位副书记在乡下患感冒，焦裕禄几次打电话，要他回来休息；组织部一位同志有慢性病，焦裕禄不给他分配工作，要他安心疗养；财委一位同志患病，焦裕禄多次催他到医院检查……焦裕禄的心里，装着全体党员和全体人民，唯独没有他自己。

1964 年春天，正当党领导着兰考人民同涝、沙、碱斗争胜利前进的时候，焦裕禄的肝病也越来越重了。很多人都发现，无论开会、作报告，他经常把右脚踩在椅子上，用右膝顶住肝部。他棉袄上的第二和第三个扣子是不扣的，左手经常揣在怀里。人们留心观察，原来他越来越多地用左手按着时时作痛的肝部，或者用一根硬东西顶在右边的椅靠上。日子久了，他办公坐的藤椅上，右边被顶出了一个大窟窿。他对自己的病，是从来不在意的。同志们问起来，他才说他对肝痛采取了一种压迫止疼法。县委的同志们劝他疗养，他笑着说："病是个欺软怕硬的东西，你压住他，

他就不欺侮你了。”焦裕禄暗中忍受了多大痛苦，连他的亲人也不清楚。他真是全心全意投到改变兰考面貌的斗争中去了。

焦裕禄到地委开会，地委负责同志劝他住院治疗，他说：“春天要安排一年的工作，离不开！”没有住。地委给他请来一位有名的中医诊断，开了药方，因为药费很贵，他不肯买。他说：“灾区群众生活很困难，花这么多钱买药，我能吃得下吗？”县委的同志背着他去买来三剂，强他服了，但他执意不再服第四剂。

那天，县委办公室的干部张思义和他一同骑自行车到三义寨公社去。走到半路，焦裕禄的肝痛发作，痛得骑不动，两个人只好推着自行车慢慢走。刚到公社，大家看他气色不好，就猜出是他又发病了。公社的同志说：“休息一下吧。”他说：“谈你们的情况吧，我不是来休息的。”

◇焦裕禄坐过的藤椅

公社的同志一边汇报情况，一边看着焦裕禄强按着肚子在作笔记。显然，他的肝痛得使手指发抖，钢笔几次从手指间掉了下来。汇报的同志看到这情形，忍住泪，连话都说不出来了，而他，故意做出神情自若的样子，说：“说，往下说吧。”

1964年的3月，兰考人民的除“三害”斗争达到了高潮，焦裕禄的肝病也到了严重关头。躺在病床上，他的心潮汹涌澎湃，奔向那正在被改造着的大地。他满腔激情地坐到桌前，想动手写一篇文章，题目是：《兰考人民多奇志，敢教日月换新天》。他铺开稿纸，拟好了四个小题目：一、设想不等于现实。二、一个落后地区的改变，首先是领导思想的改变。领导思想不改变，外地的经验学不进，本地的经验总结不起来。三、榜样的力量是无穷的。四、精神原子弹——精神变物质。

充满了革命乐观主义的焦裕禄，从兰考人民在抗灾斗争中表现出来的英雄气概，从兰考人民一步一个脚印的实干精神中，已经预见到新兰考美好的未来。但是，文章只开了个头，病魔就逼他放下了手中的笔，县委决定送他到医院治病去了。

临行那一天，由于肝痛得厉害，他是弯着腰走向车站的。他是多么舍不得离开兰考呵！一年多来，全县149个大队，他已经跑遍了120多个。他把整个身心，都交给了兰考的群众，兰考的斗争。正像一位指挥员在战斗最紧张的时刻，离开炮火纷飞的前沿阵地一样，他从心底感到痛苦、内疚和不安。他不时深情地回顾着兰考城内的一切，他多么希望能很快地治好肝病，带着旺盛的精力回来和群众一块战斗呵！他几次向送行的同志们说，不久他就会回来的。在火车开动前的几分钟，他还郑重地布置了最后一项工作，要县委的同志好好准备材料，当他回来时，向他详细汇报抗灾斗争的战果。

“活着我没有治好沙丘，死了也要看着你们把沙丘治好！”

开封医院把焦裕禄转到郑州医院，郑州医院又把他转到北京的医院。在这位钢铁般的无产阶级战士面前，医生们为他和肝痛斗争的顽强性格感到惊异。他们带着崇敬的心情站在病床前诊察，最后很多人含着眼泪离开。

那是个多么阴冷的日子呵！医生们开出了最后诊断书，上面写道：“肝癌后期，皮下扩散。”这是不治之症。送他去治病的赵文选同志，决不相信这个诊断，人像傻了似的，一连声问道：“什么，什么？”医生说：“你赶紧送他回去，焦裕禄同志最多还有二十天时间。”

赵文选呆了一下，突然放声痛哭起来。他央告着说：

“医生，我求求你，我恳求你，请你把他治好，俺兰考是个灾区，俺全县人离不开他，离不开他呀！”

在场的人都含着泪。医生说：

“焦裕禄同志的工作情况，在他进院时，党组织已经告诉我们。癌症现在还是一个难题，不过，请你转告兰考县的群众，我们医务工作者，一定用焦裕禄同志同困难和灾害斗争的那种革命精神，来尽快攻占这个高峰。”

这样，焦裕禄又被转到郑州河南医学院附属医院。

焦裕禄病危的消息传到兰考后，县上不少同志曾去郑州看望他。县上有人来看他，他总是不谈自己的病，先问县里的工作情况，他问张庄的沙丘封住了没有？问赵垛楼的庄稼淹了没有？问秦寨盐碱地上的麦子长得怎样？问老韩陵地里的泡桐树栽了多少？

有一次，他特地嘱咐一个县委办公室的干部说：“你回去对县委的同志说，叫他们把我没写完的文章写完；还有，把秦寨盐碱地上的麦穗拿一把来，让我看看！”

5 月初，焦裕禄的病情进一步恶化了。在这种情况下，他的亲密战友、县委副书记张钦礼匆匆赶到郑州探望他。当焦裕禄用他那干瘦的手握着张钦礼，两只失神的眼睛充满深情地望着他时，张钦礼的泪珠禁不住一颗颗滚了下来。焦裕禄问道：“听说豫东下了大雨，雨多大？淹了没有？”

“没有。”

“这样大的雨，咋会不淹？你不要不告诉我。”

“是没有淹！排涝工程起作用了。”张钦礼一面回答，一面强忍着悲痛给他讲了一些兰考人民抗灾斗争胜利的情况，安慰他安心养病，说兰考面貌的改变也许会比原来的估计更快一些。

这时候，张钦礼看到焦裕禄在全力克制自己剧烈的肝痛，一粒粒黄豆大的冷汗珠时时从他额头上浸出来。他勉强擦了擦汗，半晌，问张钦礼：

“我的病咋样？为什么医生不肯告诉我呢？”

张钦礼迟迟没有回答。

焦裕禄一连追问了几次，张钦礼最后不得不告诉他说：“这是组织上的决定。”

听了这句话，焦裕禄点了点头，镇定地说道：“呵，那我明白了……”隔了一会儿，焦裕禄从怀里掏出一张自己的照片，颤颤地交给张钦礼，然后说道：“钦礼同志，现在有句话我不能不向你说了，回去对同志们说，我不行了，你们要领导兰考人民坚决地斗争下去。党相信我们，派我们去领导，我们是有信心的。我们是灾区，我死了，不要多花钱。我死后只有一个要求，要求组织上把我运回兰考，埋在沙堆上，活着我没有治好沙丘，死了也要看着你们把沙丘治好！”

张钦礼再也无法忍住自己的悲痛，他望着焦裕禄，鼻子一酸，几乎哭出声来。他带着泪告别了自己最亲密的阶级战友。

◇油画《焦裕禄》（作者：毛本华 王刚 鲍璐 郝米嘉）

谁也没有料到，这就是焦裕禄同兰考县人民，同兰考县党组织的最后一别。1964 年 5 月 14 日，焦裕禄同志不幸逝世了。那一年，他才42岁。在他生命的最后时刻，中共河南省委和开封地委有两位负责同志守在他的床前。他对这两位上级党组织的代表断断续续地说出了最后一句话：“我……没有……完成……党交给我的……任务。”

他死后，人们在他病榻的枕下，发现了两本书：一本是《毛泽东选集》，一本是《论共产党员的修养》。

# 孔繁森：爱的最高境界是爱人民*

宁梦黛

“你有一颗赤诚的报国心，汗水洒齐鲁呀，雪域立功勋！甘为孺子牛，默默苦耕耘。都说是愚公移山不畏难，怎比你知难而进，勇挑重担的共产党人！”这首《公仆赞》经常传唱在青藏高原的雪域峰巅。近日，中国青年网记者采访了《公仆赞》的主人公孔繁森的家人和朋友，并在今天的青春励志故事主页追忆孔繁森甘为孺子牛，默默耕耘的感人故事。

“你有一颗赤诚的报国心，
汗水洒齐鲁呀，
雪域立功勋！
甘为孺子牛，
默默苦耕耘。
都说是愚公移山不畏难，
怎比你知难而进，
勇挑重担的共产党人！”

这首歌的名字叫《公仆赞》，歌颂的是孔繁森，新时期共产党员的楷模。

关于他，有这么几个“关键词”：一尘不染两袖清风的好干部，两次进藏工作，1994 年 11 月在去新疆考察边贸途中因车祸

* 选自《青春励志故事：孔繁森》。

殉职。

他的平凡而伟大的事迹感动了很多人，曾经在全国形成了一个学习热潮，当时的党和国家领导人江泽民同志为此亲笔题词“向孔繁森同志学习”。

《公仆赞》也是在这个热潮中诞生的。

## 一位平凡而伟大的人

1944年7月，孔繁森出生于山东聊城市堂邑镇五里墩村的一个贫苦农民家庭。1961年，孔繁森17岁，他选择了光荣参军。在部队，他刻苦学习，勤于训练，连续六次被评为“五好战士”，连续六次参加军区直属部队积极分子代表大会，并获得“特等射手”称号。1966年9月，孔繁森光荣地加入中国共产党。

“孔繁森急公好义，助人为乐，是山东人推崇的‘仗义性格’，他的口头语就是‘有事吗？’，是领导同事、亲朋好友心目中不怕麻烦、不怕吃亏的那种热情厚道人。”孔繁森同志纪念馆馆长高杉在接受中国青年网记者采访时说：“他是有名的‘三哥’，你有困难，不等你张口，他就会主动出手帮助。他能把家属在农村卖棉花买电视的钱，借给朋友急用。他不是有了权之后，才开始做好事的，即便在生活困难的年代，他也会拿出自己为数不多的薪金给同事的老人买包点心或者买斤红糖。”

“孔繁森爱生活，爱自然，是一个多才多艺、情趣广泛的人。他喜欢唱歌、跳舞、登山、收藏、摄影和文学创作。”高杉介绍说。“联欢会上，他会用他的歌喉和出色的号召力感染大家。在聊城，他先后兼任过青年摄影家协会和乡韵文学社两个组织的名誉会长（社长），有不少文朋诗友。他的日记、诗歌和西藏风光摄影，充满情怀和才气。他还擅长烹饪，拉萨市职高创办时，他作为烹饪班兼职教师，亲自授课示范。儒家文化的传统美德、全心全意为人民服务的红色文化共同汇成了孔繁森大爱的源头活水。他有两个听不得：一是听不得别人说山东不好，西藏不好；另一个，就是听不得别人有难处。”

孔繁森的小女儿孔玲在接受中国青年网记者采访时也谈到："父亲菩萨心肠，见不得别人受苦，他乐善好施，乐于助人，像一团火一样，点燃了身边每一个人，像磁场一样，深深吸引感染着每一个人。”

作为父亲，当孩子考试成绩不理想时，孔繁森心急如焚，孩子取得了好成绩，他又很自豪，很高兴。1993 年，孔玲如愿考上了西南政法大学，孔繁森拿着录取通知书，看了一遍又一遍，满脸的喜悦和欣慰。作为丈夫，他深深爱着这个家，爱着自己的妻子。两次援藏，历时十载，孔繁森与妻子长期过着两地分居的生活，他最爱唱的一首歌是《说句心里话》，以表达对母亲、对妻子、对家人的深深思念之情。作为儿子，孔繁森对母亲非常孝敬，每次离家回西藏工作时，他都在母亲的跟前长跪不起，久久不忍离开，为自己忠孝不能两全表达歉疚和遗憾。

孔玲很小的时候，孔繁森就告诉她，女孩子一定要自立、自强、自尊、自爱。每每遇到困难，孔玲都会努力自己去克服。在孔玲的红色笔记本中，孔繁森写下了这样几句话："世界上最有价值的是人格”，“一个只有克服了自己缺点和弱点的人，才是最强大的人”，“一个人只有不断总结经验、经历磨难才能成长”，他用这些话来指导女儿的健康成长，也用这些话来激励自己更好地工作和生活。

# 一个为党和人民奉献一切的人

1979年，孔繁森第一次进藏，担任日喀则地区岗巴县委副书记。家中年近八旬的老母亲、三个幼小的孩子和体弱多病的妻子都让他牵肠挂肚。可是孔繁森想着党和人民需要自己，总要有人去，于是他坚定了自己的信念，期待能为藏族人民贡献出自己的力量。在岗巴工作三年，全县的乡村、牧区都留下了他的身影，他与当地的藏族人民也培养了深厚的感情。

1988年，孔繁森第二次进藏，担任拉萨市副市长，分管文教、卫生和民政工作。任职期间，他为了发展少数民族的教育事业将全市8个县区的所有公办学校和一半以上乡办、村办小学都跑遍了。在他和全市教育者的不懈努力下，拉萨的适龄儿童入学率从45%提高到80%。

1992年7月，拉萨市墨竹工卡等县发生了里氏6.5级地震，孔繁森率工作组在羊日岗乡地震废墟上发现了三个失去父母的孤儿，他们是12岁的曲尼、7岁的曲印和只有5岁的贡桑。他向乡干部提出抚养要求，并把孩子带回拉萨。看到他实在忙不过来，另一个藏族干部收养了大一点的曲尼。20世纪90年代，孔繁森每月工资收入也就一千多元，其中在老家聊城的是四百多元，在西藏领的补贴是六百元。但是他在那里收养了孤儿，生活一下就更加拮据了，但他从没向组织上伸过手。每月发工资都是先拿出三个信封，分出曲印、贡桑的（他收养的孤儿），两个孤寡老人的，然后才是自己的生活费。援藏十年，孔繁森总是把自己的钱用来接济别人，搭上工资还不够，甚至把家属在农村卖棉花、卖粮食的钱，都花在藏族老人、孩子身上。往往刚过半个月，工资就已经所剩无几，有时连向食堂交伙食费的钱都不够，自己经常白饭就榨菜，开水泡方便面。花七十六块钱买的西装，从内地穿到西藏，始终舍不得丢。时任国防部长的迟浩田将军到他宿舍，竟然找不到一块香皂。

孔繁森同志纪念馆馆长高杉在采访中谈到，孔繁森的事迹中最让他感动的是，为了抚养在地震中失去父母的曲印和贡桑，孔繁森前后三次卖血 900 毫升："从孔繁森纪念馆陈列的三张西藏军区总医院血库采血登记表可以看出，时任拉萨市副市长的孔繁森化名洛珠，在这一年的二月、六月、十一月，先后三次献血并领取 900 元营养费。孔繁森在济南军区总医院专门学过医疗技术，他清楚在高原缺氧环境中献血，对于年近半百、患有多种高原病的他来说，是件多么危险的事情。他有着怎样健康的体质保证他一年内三次献血？有着怎样艰难的经济状况需要他一年内三次献血？要不是孔繁森殉职后，西藏军区总医院提供的证明，谁也不会相信，这三张采血登记表背后隐藏着催人泪下、感人肺腑的故事。"

1993 年 4 月 4 日，孔繁森踏上了去阿里的路。那时他已在高原工作 6 年，本应该东进返乡。然而，他却挑起了阿里地委书记的重担，远赴西藏中气候最恶劣、环境最艰苦的地区。阿里平均海拔 4500 米，空气中的含氧量不足海平面的一半，最低气温零下 40 多摄氏度。阿里当时的经济发展不是很好，人民群众生活比较艰苦。可是孔繁森没有被困难吓倒，他的心中时刻提醒自己："我是党的干部，党和人民需要我。"阿里全地区 106 个乡，他跑了 98 个，他清楚只有深入了解当地情况，才能带领全地区人民走上幸福安康生活的道路。

接下来的重大雪灾中，他带领大家齐心合力共渡难关；在风雪中，他为大家加油打气，让大家相信"有党和政府在，再大的灾害也压不垮我们。党和人民一定能帮助大家渡过难关！"

藏族人民善良的品格深深地感染着孔繁森。有一次公干路上，当时皑皑白雪中狂风乱舞，有一只小羊羔在哀鸣，他看到一个藏族阿妈脱下自己的外衣盖在了小羊羔的身上，自己却在冰天雪地中冻得瑟瑟发抖。这一幕感动了孔繁森，他的眼角湿润了，他脱下了自己的毛衣毛裤，递给了那位藏族阿妈。

藏族阿妈用冰凉的双手接过毛衣，看着孔繁森激动得说不出话来。当时阿里的乡下，日常所需医药还是很紧缺。因此，每次下乡，孔繁森都会买上好几百块钱的药，装在随行的小药箱中，希望能够帮助村民们尽量减少病痛的折磨。

◇孔繁森和藏族群众在一起

孔繁森有句流传甚广、至今被人传诵的名言："一个人爱的最高境界是爱别人，一个共产党员的最高境界是爱人民。"孔繁森是这样想的，也是这样做的。

1994年11月29日，孔繁森带领工作组完成了考察边贸的任务，驱车行进在从新疆返回阿里的路上。他是一个热爱生活的人，来到托里县境内时，茫茫戈壁滩上雨过天晴后天空突然出现的彩虹吸引了他。他让司机停车，用相机记录下这苍穹万里的壮美，想留住这瞬间的美丽。之后，在追赶前面的车队时发生了车祸。孔繁森同志以身殉职，永远离开了我们。

孔繁森走后，在冲印他拍摄的戈壁彩虹照片时，却未发现照片上有彩虹。或许那彩虹已经化入天、融入地，孔繁森就像这彩虹一样，本来来自天地，来自日月，他的离去也化为了永恒……

## 先烈回眸应笑慰

孔繁森去世后，人们发现他留下的遗产只有两样：一是他仅有的 8 元 6 角钱；一是他去世前写的关于发展阿里经济的 12 条建议。“一尘不染两袖清风，视名利安危淡似狮泉河水；二离桑梓独恋雪域，置民族团结重如冈底斯山。”孔繁森葬礼上的这副挽联，重现了孔繁森伟大的一生，也表达了当地干部群众对他永远的爱戴和思念。

在孔玲心中，父亲是一个真正的共产党员。孔繁森走后，尊重西藏人民的要求，作为民族团结的象征，他骨灰的一半魂归故里，葬在了家乡山东聊城，另一半葬在了他深深热爱的西藏拉萨。此外，在他最后工作战斗的西藏阿里，当地政府和人民还在狮泉河烈士陵园建了一个衣冠冢。“父亲离开我们快 18 年了，但每年的清明，以及 11 月 29 日他逝世的日子，他的同事、朋友们以及他曾经帮助过的很多人都不远万里去墓前悼念他、缅怀他。父亲能够得到别人如此深深地爱戴和怀念，是因为他心中永远装的是别人，唯独没有他自己。”孔玲表达着自己对父亲的思念之情。

由于不在身边，父亲又一直低调，作为女儿的孔玲对父亲的工作也并不是很了解。孔玲说她也是通过宣传，才逐渐了解自己父亲伟大的一面。父亲生前常对她说:“我在这边挺好的，你们要照顾好奶奶和妈妈。”孔玲一直以为，作为拉萨市副市长、阿里地委书记，父亲生活得很好。却不知道父亲在西藏为了抚养两个藏族孤儿，三次卖血；不知道父亲下乡时常常背着小药箱，为西藏百姓免费看病送药，自己却过着非常清贫的生活。她说，永远忘不了1994年西藏阿里遭遇百年不遇的雪灾，父亲冲在抗灾第一线，在零下37度，海拔4000多米的高山上，他背靠着汽车，大口喘气，一口吃雪，一口吃方便面的样子。

也忘不了父亲曾经留给公务员的遗嘱:“如果我发生了不幸，不要告诉我的家人，请每月以我的名义给我的家人写封信，报个平安！”也许岁月可以改变山河，但有一种精神永远不会衰落，那便是奉献。

孔繁森在天有灵应该欣慰，记者了解到，他抚养的孩子如今都已长大成才。曲印当兵退伍后在拉萨电视台工作，现在已有了一个幸福的三口之家。聪明伶俐的小贡桑南京大学考古系毕业后，回西藏考进了政府机关。他没有白疼他们，孩子们也没有忘记他。每到忌日，他们都会到孔繁森墓上祭奠，孔繁森的善良无私、助人为乐的品格正在他们身上传承。

# 青山为证——杨善洲的模范事迹*

程三娟

杨善洲，从事革命工作近40年，曾担任保山地委领导近20年的地厅级干部，几十年如一日，两袖清风，清廉履职，忘我工作，一心为民，为了兑现自己当初“为当地群众做一点实事不要任何报酬”的承诺，退休后，主动放弃进省城安享晚年的机会，义无反顾扎根大亮山，义务植树造林，艰苦创业，一干就是22年，建成面积5.6万亩，价值3亿元的林场，且将林场无偿上缴给国家。

## 坚守信念　绿染大亮山

人们真正体会到杨善洲造林之举的功德无量是在这场百年一遇的旱灾中。

2010年春天，已持续半年的干旱让云南很多地方群众的饮水变得异常困难，施甸县大亮山附近群众家里的水管却依然有清甜的泉水流出，他们的水源地正是大亮山林场。近些年，随着大亮山植被状况明显改善，山林的水源涵养功效得以很好发挥，附近村委会架起水管，将泉水从林场引到村里，通到各家各户，村民

* 节选自《云南日报》2010年8月31日，收录时有删节。

再也不用为吃水犯愁。受旷日持久的干旱影响，水管里的流水较之以往细小了很多，但足以让附近的村民心满意足，也让他们对杨善洲的功劳更加念念不忘：“多亏了老书记啊，要不是他，不知道现在会是什么样子。”

1988 年 3 月，61 岁的杨善洲从保山地委书记的岗位上退休，婉拒了时任省委书记普朝柱劝其搬至昆明安度晚年的邀请，执意选择回到家乡施甸县种树。20 多年过去了，曾经山秃水枯的大亮山完全变了模样：森林郁郁葱葱，溪流四季不断；林下山珍遍地，枝头莺鸣燕歌……

一位地委书记，为何退休后选择到异常艰苦的地方去种树？植树造林 20 余年，他都遇到了哪些困难和挑战？究竟是什么力量支撑着他让夕阳人生散发出炫目的光彩？

## “给乡亲的承诺总得兑现”

担任地委领导期间，有乡亲不止一次找上门，让我为家乡办点事情。我是保山地区的书记，哪能光想着自己的家乡，但毕竟心里过意不去呀，是家乡养育了我。于是我就向他们承诺，“等退休后，一定帮家乡办点实事。”关于种树，年逾八旬的杨善洲这样解释。

为了实现“帮家乡办点实事”的承诺，杨善洲把目光锁定在施甸县城东南 44 公里处的大亮山。杨善洲的家乡就在大亮山脚下的姚关镇陡坡村，儿时，母亲常带他到山上挖野菜、草药等到集市上卖。原来这里林木参天，当年大炼钢铁时人量砍伐树木，后来当地贫困农民又大规模毁林开荒，原本翠绿的大亮山变得山秃水枯，生态遭到严重破坏，周边十几个村寨陷入了“一人种一亩，三亩吃不饱”的困难境地。“再这么下去，子孙后代的日子可怎么过？”杨善洲忧心忡忡。

退休前，杨善洲到大亮山实地考察，家乡的人听说他要回来种树就劝他：“你到别处去种吧，这地方连野樱桃树和杞木树都不长。”然而，他还是来了，他以普通大山之子的身份带着一颗赤子之心回来了。退休当天，杨善洲背起铺盖，赶到了离大亮山最近的黄泥沟。翌日，大亮山国社联营林场正式挂牌成立，那天，他们人挑马驮把粮食、行李搬到离公路 14 公里远的打水杆坪子，临时搭建了一个简易棚安营扎寨。深夜，狂风四起，棚子被掀翻，倾盆大雨又不期而至，几个人只好钻到马鞍下，躲过一个风雨交加的夜晚。就这样，杨善洲带着县里抽调的几个同志开始了艰苦创业。

很多年之后，人们都还记得杨善洲初上大亮山时的情景。那时他住在用树杈搭起的窝棚里，脚上穿着草鞋，俨然是一个放牧的老人。后来，得益于省里的资金支持，林场终于盖了一排简易的油毛毡房，杨善洲和工人们在里面一住就是近十年。十年后，当他们用砖瓦平房取代油毛毡房时，破败不堪的油毛毡房已被四周的绿荫所掩盖。1999 年 11 月，手提砍刀给树修枝时，杨善洲不幸踩着青苔滑倒，左腿粉碎性骨折，但半年后他又执意爬上了大亮山。从此，他再也离不开拐杖了。

2009 年 4 月，杨善洲把自己用 20 年时间辛苦创办的大亮山林场的经营管理权，正式无偿移交给施甸县林业局。有人算过一笔账：大亮山林场共占地 7.2 万亩，其中 5.8 万亩华山松中有 3 万亩已郁闭成林，按 1 亩地种 200 棵树，一棵树按最低价 30 元计算，大亮山林场的活立木蓄积量价值已经超过 3 亿元。

这就是一位老地委书记帮家乡办的实事。

## “没钱买苗木，只好去街上捡果核”

在杨善洲最早种树的山坡上，我们看到了一些造型优美的大树，很像巨型盆景。“盆景要是能长这么大就好了。”我和当地宣传部的同志开玩笑说。“算你说对了，这些树还真是盆景移栽过来的。”他们应道。“啊？！”我惊讶地张大了嘴巴。

◇杨善洲和他的林海

要把大亮山变成林海，需要大量的树苗，可没有资金去哪弄树苗呢？杨善洲可谓绞尽了脑汁。很长一段时间里，他每天和林工们带上工具，到处寻找树苗。树苗太缺了，以至于他不得不把平时种下的几十盆盆景也全部移种到大亮山上。这些原来摆放在家里的雪松、白梅、银杏，从此在山上尽情地汲取雨露和养分，自由自在地生长，如今这些庭院花木都已经成为挺拔的大树，成为装点大亮山的一抹别致的色彩。

最让人震撼的还不是这些巨型盆景，而是20年前杨善洲从街上捡回来的果核，如今已经成长为一大片繁茂的树林。

“当时没钱买苗木，怎么办呢，只好去街上捡果核。”拄着拐杖站在大亮山上最初种树的地方，杨善洲指着一大片林子说。在资金极其短缺的创业之初，捡果核育苗栽种成为杨善洲破解苗木困局的主要途径。每次回到城里，他就到马路上捡别人随意扔掉的果核，然后放到家里用麻袋装好，积少成多后便用马驮到山上。

原地委书记到大街上捡别人扔掉的果核，这在当时成为轰动保山地区的新闻。可是杨善洲不在乎，林场资金紧，省一个是一个。“可你是地委书记啊，在大街上捡别人吃剩的果核，大家会怎么想？”有人开导他。“那是他们的事，不花钱就能弄到种子，我觉得没有什么不好。”他说。

一次在街上捡果核时，杨善洲不小心撞到了一个小伙子的自行车上，小伙子大发雷霆，冲着老人破口大骂。旁边有人赶紧过来把小伙子拉到一边，告诉他那位老人就是原来的地委书记。小伙子顿时傻了，他怎么都不会想到这个毫不起眼的在他看来甚至有些卑微的老人会当过那么大的官。杨善洲却丝毫不理会旁边发生的一切，依然低着头自顾自地捡他的果核。每年的端阳花市是保山的传统节日，也是果核最多的季节。每每这个时候，杨善洲就会发动全场林工，一起到街上去捡果核。如今一个个小小的果核，都已在岁月轮回中演变成为一棵棵枝繁叶茂的果树。

“正是因为有老书记带着干，我们才能在那么艰苦的环境中一步步挺了过来。”林场的工人说。

20多年前，初上大亮山的杨善洲头发只是灰黑，如今却已满头飘雪……

# “党员的身份永不退休”

大亮山林场带给当地群众的好处随着时间推移逐渐显现和显著起来。

创办林场之初，省林业厅、财政厅给大亮山林场拨付了100多万元，对杨善洲造林之举给予支持。当时，需要用钱的地方实在太多，慎重考虑后，杨善洲用这笔钱在大亮山修了一条18公里的林区公路，架起了5公里长的高压线，盖了一排简易的油毛毡房，并挤出7万元为附近的四平寨通了电。通路、通电为植树造林奠定了基础，也大大推动了当地群众发展生产、改善生活。

大亮山林场最显著的社会效益表现在有效解决了当地群众的人畜饮水难题。场长董继军告诉我们：“林场现在承担着3个乡镇11个村委会70个村民小组2.5万人的饮水供给任务和两个糖厂的蔗区灌溉任务。”

我们来到了距离大亮山林场20多公里的陡坡村大柳水自然村，杨善洲就出生在这里。

“新中国成立前，因为饮水太困难，这里的村民婚丧嫁娶，用水都要纳入人情簿子。”老书记说。可是，走家串户后，我实在难以相信这个地方曾经饮水困难到那种程度，我们看到的情况是，各家各户都通了自来水管，拧开开关就有清泉汩汩流出。

大亮山林场采取的是“国社合作”营运模式，即由村社集体为单位出林地，由国家进行植树造林，产生的经济利润按一定比例双方分成。“这些年，大亮山林场都只是进行抚育型间伐，带给当地老百姓的经济效益不是很明显。2006年到2008年，林场共支付给村集体4万多元的分红。”董继军说。2006年，林场建起了一所木材加工厂，加工抚育间伐的林材。到2008年三年间，林场共支付给当地村民间伐林木、加工林材的劳务费超过了36万元。

不久前，施甸县政府用大亮山林场做抵押，贷款1.7亿元用于基础设施建设，其中1亿元已经支付到位。

◇杨善洲

发端于大亮山林场的植树造林热情还波及了更广的范围："这些年，感觉整个施甸县的植树造林热情都在上涨。"穿行在林海中，县委宣传部的同志感慨地说。我们从林业部门了解到这样一组数据：1988年施甸县的森林覆盖率为17.1%，2009年提高到了44.8%。

在担任大亮山林场义务承包人的20年间，杨善洲接受的唯一报酬是：每月70元的伙食补助，1996年，随着物价上涨，林场将补助标准提高到了100元。2009年年底，保山市委、市政府为杨善洲颁发特别贡献奖，并给予一次性奖励20万元。今年5月，杨善洲将其中的10万元捐给了保山一中，6万元捐给了林场和附近的村子搞建设。

"我只是在尽一名党员的职责，只要活着，我就有义务和责任帮群众办实事。"杨善洲说，"实在干不动了，只好把林场交还给国家，但这不是说我就退休了，有我力所能及的事，我还是要接着帮老百姓办，共产党员的身份永不退休"。

# 张云泉："做人要像人　做官不可像官"*

刘锋

"信访局是个筐，有什么困难都往里装"，张云泉在这样一个人称"机关第一难"的岗位上，默默奉献了20多年。对于人民，对于自己所从事的信访工作，他有着自己朴素而深刻的理解："人民群众是我们的衣食父母，如果我们吃了人民的饭不为人民做事，就是对人民的背叛。""干信访工作，关键是心里要永远装着群众。"

"有些涉及到群众利益的事虽小，但维护党的形象的意义却很大。"

——张云泉

2001年，江苏省泰州市姜堰溱潼镇湖东村青年徐宇的父亲因病去世仅仅三个月，妈妈又被摔成高位截瘫。刚刚40出头的母亲躺在床上，由于大小便失禁，炎热的夏季身上甚至长出了肉疮，母子二人度日维艰。面对肇事者的冷漠和村干部的推诿，20岁的徐宇只好辍学上访。姜堰八中一位姓黄的年轻老师曾在网上看到过张云泉的事迹报道，于是，就指点走投无路的徐宇到江苏省泰州市信访局去碰碰运气。

那是2003年冬天的一个下午，衣着单薄的徐宇来到了泰州

* 本文节选自《工会博览》2017年第10期，收录时有删节。

市信访局。在信访局的楼道里，徐宇看到一位衣着简朴的中年人，随口问了一句："我找张云泉……"没承想，那人马上答道："我就是。"随后，张云泉局长就近找了一间办公室，倾听徐宇的诉说。

"遭遇了父母相继去世的痛苦，我曾经有一段时间'喜欢'睡觉，因为只有睡着了，我才能进入没有烦恼的空间，才能感觉到快活。"2005 年初春，徐宇对记者说，"在漫长的两年多的时间里，不少人看见我这个上访者就像躲瘟神一样。我曾经给他们下跪，可正在开会的干部却骗我说，他们不在。"

然而，就在那个冬天的下午，一个"一点都不像局长"的信访局长——张云泉，给了孤苦无助的徐宇期盼已久的温暖和希望。张局长看徐宇穿得少，从身上掏出 200 元钱递给他，说："你先去买件棉袄，穿得暖和些再来……"张云泉当场就在徐宇的上访信上作了批示，交给信访局的同志，说："马上就办！"

在信访局的楼下，张云泉局长安排徐宇就着热水吃点东西，"到信访局来，我并没抱什么希望，当时，我感动得要给他下跪，但他不让。他说，我只有一个儿子，你就当我的二小（二儿子）吧。"徐宇两眼湿润了，他问记者，"你知道吗？当时，我是流着泪水一口一口地吃下去的。"临走时，带着张云泉给自己买的饼干和橘子，徐宇在信访局的门前，对着办公大楼深深地鞠了一躬。

半年后，本应属于徐宇的赔偿金 9 万多元，终于分两次，拿到了徐宇的手中。这个过程中，徐宇见了张云泉 6 次面，每次张云泉都拿些食品之类的东西给他。过意不去的徐宇在家里自己做了两斤炒米糖送给张云泉，张云泉仅仅尝了一块，说，"你一天三餐都吃不饱，还送我这个。"

"群众把我们看作希望，我们绝不能让群众失望。"20 多年来，张云泉义务帮扶过 200 多户特困家庭；为上百名群众求过医、购过药；先后从自己的工资中挤出 4 万多元，救济困难的群众。"确实解决不了的问题，就找我张云泉，即使我不能彻底解决问题，也要奉献我的一腔真情”。真情换来真心，许许多多原本素昧平生的人，都把这位信访局长看作自己的亲人。

“对信访工作只有勇于实践、善于创新，才能正确处理好和化解新时期的人民内部矛盾。”

——张云泉

“张云泉并不仅仅是被动地接受来信来访，而且善于在工作中发现问题，并及时通过一定渠道反映给有关部门。”泰州劳动与保障局的黎耀华说起 2002 年 28 号文件的出台，深有感触地说：“虽然是薄薄的一张纸，但却凝结着张云泉的心血”。

◇与上访人员进行交谈

2000 年泰州市较早实行了下岗保障向失业保险并轨。由于当时是江苏的第一家，工作在摸索中前进，虽然得到了大多数职工们的支持，但是，也有一些人为此而上访，其中，因为企业 30 年工龄的问题没有考虑到，涉及了大约 3000 人的利益。

张云泉在接访的过程中敏锐地感觉到了这一问题，并且认识到了这一问题对于相关政策的顺利落实，对于维护政府的权威，尤其是对于切身相关的群众的利益的保护，有着极为重要的意义。

他强调：“无情调整，有情操作。”他及时与其他部门沟通情况，全程参与了28号文件的起草，尽可能地让职工的合理合法的诉求在文件中得到充分的体现。

张云泉用自己的一言一行阐释着一个真正的共产党员的为民情怀，在共产党员的行列当中一心一意地实践着入党的誓词和党章的要求。他说，“群众高兴了，我就高兴了。”“我所做的，就是要让群众从我们身上看到共产党好，更加热爱我们的党。”

张云泉不仅善于处理复杂的信访案件，更注重自身政策理论水平的学习提高，并且悉心研究信访工作的规律。他先后牵头或参与制定了20多项工作制度。其中，像律师坐堂信访局、市级机关年轻后备干部到信访一线锻炼等，都是他向领导提的建议，得到了领导的坚决支持，这些都称得上是走在全国前列。

张云泉在工作中了解到，群众上访有三分之一属于涉法纠纷，由此引发的上访事件多数都需通过法律的途径来解决。律师坐堂，不仅为上访者提供了依法解决问题的路径，也解决了“硬要政府越权当包公”的问题。2003年8月以来，泰州全市共有律师300多人次参与了320多个信访接待日工作，接待上访群众500多批，提供律师咨询850多人次，参与调解处理矛盾400余次，避免群体性上访事件40多起。江苏省委书记李源潮看到对这一创举的报道后，称赞道：“这个经验很好！”泰州市领导也高度重视信访工作，市委书记朱龙生说：“凡是信访干部和信访战线的事，不管多大困难，有一件办一件。”各地、各部门也把信访工作当作分内的职责，摆在重要的位置，相互支持，相互配合。

泰州先后建立和完善了四套班子领导到信访局轮流值班制度、领导干部下访工作日制度、集中处理群体性事件联席会议制度、民事大调解制度，推广了“社区论坛”“民主恳谈会”“基层民主议事日”“村情发言人”等创新举措，形成了以市信访局为龙头，各相关部门整体联动、紧密协作的大信访工作机制。

“共产党员要维护群众的利益，自己首先要一身正气，两袖清风。”

——张云泉

2001年，因工作需要，人事部门给信访局下拨了一个行政附属编制名额。有人向张云泉提出“交换安排自己人”——张在信访局安排来人的亲属，对方在自己所在事业单位安排张的儿媳。当时，张云泉的儿媳正处于哺乳期，在市区某一企业上班，每天往返新老城区间十分不便。

张云泉却毫不犹豫地回答说：“不行，答应这事就是助长腐败之风。再说，儿媳尽管在企业上班，可毕竟有班可上。这一岗位还是留给更需要帮助的人吧！”经过局领导班子讨论，最终那一令众人羡慕的岗位给了一个叫许丽的临时工。张云泉说：“小许父母都是下岗职工，编制留给她理由最充分。”

了解张云泉的都知道，不仅他没有安排儿媳的工作，连他爱人也没沾过他的光。几年前，因企业倒闭，他爱人已下岗，张云泉的亲戚中有八九个下岗没有工作，有的生病没有钱治疗，有的摆地摊，有的在外打工，张云泉从没有通过自己的关系为他们找工作。为此，张云泉没有少挨责备，说他专帮别人家的忙，自己家的事情反倒从来不管不问。张云泉认为，帮群众的忙他理直气壮，为自己家的事情他口难开、腰杆子不硬。面对亲友的不理解，张云泉总是耐心地向他们解释，并常说那句老话：作为党培养的一名领导干部，以权谋私的事咱不能干，对百姓有利的事咱要多干！面对家人，张云泉无法不愧疚，但他别无选择：“你们跟着我吃苦受累了，我干工作的底气也更足了。”

由于出差时经常自备电饭煲，只住在条件简陋的旅社里，有两次，张云泉甚至被外地的旅店工作人员怀疑是个“冒牌”的“假局长”。

说起这些事情，曾是张云泉局长的驾驶员的梅骏也忍不住无奈地笑了。

2001年春，张云泉出差到北京，为了节省开支，张云泉一行找了一个70元一天的老式招待所，没有卫生间、没有电视。旅馆的工作人员见他们住得如此寒酸，甚至还用自带的小电饭煲自己烧饭吃，顿起疑心，向派出所报了案。派出所民警认真地看过张云泉出示的相关证件后，才真的相信：这位寒酸的旅客确实是一个地级市的政府副秘书长、信访局长。这样，仅到北京出差半个月张云泉就节省开支1万多元。张云泉对身边的同事们说："这省下的1万元钱，能让好几个失学的孩子回到课堂啊。"

"我从来不把自己当个官，我最大的愿望就是永远当过去的张云泉。"

——张云泉

张云泉曾先后被授予"江苏省优秀共产党员""全国道德模范""全国劳动模范""全国人民满意的公务员"等多种荣誉，并先后两次在人民大会堂向中央首长和国家机关干部作事迹汇报。而张云泉却常常说："一个人在荣誉面前首先要做到的是：保持本色，艰苦奋斗。"

当有记者问到张云泉如何理解泰州兴化人郑板桥写下的著名诗句"一枝一叶总关情"时，张云泉深有感触地低声吟道："衙斋卧听萧萧竹，疑是民间疾苦声，些吾小曹州县令，一枝一叶总关情。"

张云泉从来没有把自己当官看，一直认为自己就是一名普通办事员，就是要认认真真做好自己的本职工作。"做人要像人，做官不可像官"，张云泉始终没有忘记自己是一个农民的儿子，他念念不忘的是，自己在10岁之前从来没有穿过像样的衣服，他深沉地说："级别升了，权力大了，都是党和人民给的，是让我更便于处理矛盾，更好地为人民服务的，而不是用来摆官架子、谋取私利的。”

作为公务员，我们永远不能忘百姓这个‘本’。不忘本的第一要素就是，对待百姓疾苦，要有换位思考的意识。为什么现在有些老百姓对少数干部很反感呢？就是因为这些干部太把自己当个官了，总是端着一副居高临下的架势，摆着一张冷冰冰的脸色，群众的事在他们看来就是麻烦事。”

20 多年的信访生涯在张云泉身上留下了抹不去的印迹：他的腿被踢过，落下了深深浅浅的疤痕；他的胳膊被掐过，留下了又紫又黑的斑块；他的手指被咬得露出骨头，至今仍不能灵活弯曲；他的面部曾被人猛击，鼻腔和嘴里满是鲜血；他的左眼更被打成重伤，留下终身伤残，视力从原来的 1.5 下降到现在的 0.15……

“人不伤心不落泪，人无难事不上访”，“信访干部在群众眼里就是政府”。22 年来，他用自己一家的聚少离多换来了困难群众的节日欣喜；他用自己的安全和健康换来了上访群众的安全和满意；他用自己的无私帮助和倾情付出抚慰了一颗颗求助无门、悲伤欲碎的心灵；他用自己的心血和汗水密切了党和政府与人民群众的血肉联系。“其实多数时候，老百姓的要求并不高，他们要的，就是理解和尊重。”张云泉说，“我能用自己的行动，让群众更加热爱我们的党，我付出的，值得！”

# 谷文昌——永远活在人民心中的共产党人*

张全景

去过中央党校的人，都会注意到谷文昌的半身雕像，他与焦裕禄雕像东西相对。

去过福建东山岛的人，心底就会升腾起这样一个意念“看见木麻黄，想起谷文昌；想起谷文昌，更加热爱党”。

去过宁化的人，看着隆陂水库碧波荡漾，听着群众称谷文昌为“谷满仓”，都为他能官能民、逆境担当所感动！

◇谷文昌雕像

* 本文节选自《中华魂》2018 年第 8 期，收录时有删节。

谷文昌虽然去世37年了，但他的名字一直铭刻在人民心中，他不仅没有因岁月的流逝被淡忘，而且伴随着新时代的步伐，伴随着东山、宁化日新月异的变化，形象更加高大伟岸，人们对他的怀念与日俱增。称赞他是“人民的好书记、党的好干部，真正的共产党人！”他已经成为“不忘初心、牢记使命”主题教育的生动教材和光辉典范。

## 公者千古——“不带私心搞革命，一心一意为人民”

人民心中的共产党人，是那些甘愿为共产主义事业奋斗终身，一心干革命、一生为人民谋幸福的人。谷文昌就是这样一个人。

习近平总书记曾八次讲到谷文昌，称他“在老百姓心中树起了一座不朽的丰碑”，说“带领东山人民改造自然和社会，变昔日的荒山秃岭为现在的‘国家级生态示范县’和‘全省环境最佳县’的谷文昌，现在当地老百姓仍然怀念他，甚至在祭祖敬宗的时节，‘先祭谷公、后祭祖宗’。人民群众是共产党的‘本’、‘基’、‘源’，党必须相信和依靠群众，始终保持与人民群众的血肉联系。”“谷文昌先进事迹再次证明，人民群众总是最公正的。我们的干部一定要为官一任、造福一方，自觉地为人民服务。”

谷文昌，原名程栓，1915年10月生，太行山的儿子，河南省林州市石板岩镇（原林县石板岩乡）郭家庄南湾村人。小时曾逃荒求乞，稍大当长工，成了“石匠”。1944年3月加入中国共产党，任过区长和区委书记。1949年1月随军南下。

1950年5月12日谷文昌随军渡海解放东山岛，先后在这里担任城关区委书记、县委组织部长、县长、县委书记，1964年调任省林业厅副厅长。1970年下放宁化县农村劳动期间担任修建水库总指挥，1972年后任龙溪行署林业局长、农办主任、龙溪地区革委会副主任、副专员。他的共产主义信仰从来没有动摇过，走到哪里都一心为人民，唯独没有自己。

谷文昌用革命精神改造自然建设海岛，倾注了满腔的革命热情。他在弥留之际深情地说：“我喜欢东山的土地，东山的人民。我在东山干了14年，有些事情还没有办好。死后，请把我的骨灰撒在东山，我要和东山的人民，东山的大树永远在一起！”1981年1月30日，癌细胞夺走了他的生命。噩耗传到东山，东山的树静静地默哀，东山的水呜咽悲鸣，东山的人民泣不成声：“谷书记，没有你哪有我们的今天！”

1986年，县委为了弘扬谷文昌精神，决定将谷文昌的骨灰安葬在他亲手建起的赤山林场。村民们听到这一消息，纷纷赶来，为他的坟墓添加一抔热土。山口村第一任党支部书记陈加福说：“谷书记，你为我们辛苦了一辈子，现在我要天天打扫陵园，为你守墓一辈子！”许多两鬓斑白的老人说：“过去刮一阵风，谷书记就一脸沙、一身汗地赶来看我们，现在就永远和我们在一起吧！”

1999年，全县各界捐资修建了谷文昌事迹展览馆及谷文昌公园。工人、农民、解放军战士、学生怀着崇敬的心情经常到这里参观、瞻仰，少先队员到这里过队日，党员、团员到这里举行入党（团）仪式，过组织生活。

2014年、2015年，习近平在调研和中央党校县委书记研修班及会见全国优秀县委书记时，称赞谷文昌与焦裕禄、杨善洲同是县委书记的好榜样。

丰碑是由事业和民心铸成的。“公者千古”，“私者一时”。一个热爱人民、一心为人民的人，必然得到人民的热爱。

# 牢记使命——“不为民造福，要我们到这里来干什么”

东山岛，古称铜岛，形似蝴蝶亦称蝶岛，位于中国福建省南部沿海，隶属于福建省漳州市东山县，是福建省第二大岛，中国第六大岛。蝶头向着台湾海峡，蝶尾与陆地相距600余米，全岛海岸线长141公里。现在的东山岛是福建省著名的风景名胜区之一。漫步在滨海大道，满眼的郁郁葱葱，谁也想不到60多年前，这里是“春夏苦旱灾，秋冬风沙害，一年四季里，季季都有灾”，“微风三寸土，风大石头飞”的世界。这历史档案中真实的一页是谷文昌带领东山人民翻过去的。

东山岛地势由西北向东南倾斜，最高处苏峰山顶海拔274.3米。海拔15米以下的滨海小平原占90%以上。由于特殊的地理环境，千百年来，东山人民被风沙害惨了。一年刮六级以上大风的时间长达150多天，沙尘遮天蔽日，到处寸草不生，全岛194平方公里的土地上森林覆盖率仅为0.12%。海岛东南部横亘着30多公里长的茫茫沙滩，还有40多个流动沙丘，沙乘风势不断北上。解放前的近百年间，风“妖”沙“虎”吞没了13个村庄，1000多座房屋，3万多亩耕地。有田不能种、有家不能住，靠出海捕捞维持不了生计。1949年全岛6万多人，外出当苦力、当乞丐的占1/10。地处风口的山口村共900多人，讨饭的就有600多人。山口、湖塘两村的1600人中因风沙危害而患红眼病、烂眼病的400多人，失明或半失明的90多人。许多人扶老携幼，拿着空篮破碗外出讨饭，乘船过海到大陆上割草砍柴，有的别妻离子到南洋卖苦力。

解放了，东山回到了人民手里，但风沙肆虐、一穷二白没有变，政治上翻了身的人民，期盼着共产党能领导人民战胜千年

“沙妖”。

初上东山岛，谷文昌强烈地感到东山百姓比林县的还苦。林县百姓苦，能有野菜吃，东山的百姓能用沙子充饥？看着东山风沙肆虐造成的贫困，谷文昌吃不下饭、睡不着觉，他反复思考：“群众希望共产党给他们带来幸福，如果我们不为民造福，要我们到这里来干什么？群众分到了土地，但种不出粮食，分地又有什么用？”“不解除群众疾苦我们心里有愧啊！”

“共产党人，不能做自然的奴隶，不能听天由命，不能在困难面前退缩！”“挖掉东山穷根，必先制服风沙！”谷文昌立下了铮铮誓言。他积极地提建议、出主意，1953 年，县委、县政府统一了认识。1955 年谷文昌担任了县委书记，县委带领东山人民踏上了治理风沙的漫漫征途。

这是一个飞沙走石的冬天，谷文昌率领林业技术员吴志成等同志，探风口、查沙丘，在风沙扑打中前进，用血肉之躯，感受狂风的力度，飞沙的流向。从苏峰山到澳角山，从亲营山到南门湾，谷文昌走遍了东山的大小山头，把一个个风口的风力，一座座沙丘的位置详细记录下来。他走村串户，和村干部、老农民促膝长谈，制订了“筑堤拦沙、种草固沙、造林防沙”的方案。

那是一个火红的年代，全国各族人民意气风发地投身于历史上从来不曾有过的热气腾腾的社会主义建设。东山人民说干就干，在县委的组织下，很快在风口地带筑起了 2 米高 10 米宽的拦沙堤 39 条、22000 多米。但是，无情的风沙摧垮了长堤。种草固沙，谈何容易！草籽播下，不是随风沙搬家就是被掩埋沙底，勉强出土的幼苗，一经风吹沙打随即奄奄一息。县委、县政府领导群众植树造林，先后种过十多个树种，几十万株苗木，一次也没有成功，灾荒和贫困依然笼罩着东山。许多人摇头叹息：“东山这个鬼地方，神仙也治不住风沙！”

难道就找不到一种能在东山生长的树吗？失败和挫折，没有压垮谷文昌。

1955 年底，调查组发现白堤村的沙丘旁有 3 株长势不错的木麻黄，谷文昌听了一阵惊喜：这是不是那抗风沙、抗干旱、抗盐碱的树种？第二天他带领参加县区乡三级干部会议的 300 多名同志来到 3 株树下开现场会，边看边议：木麻黄能在这个沙丘成活，其他沙丘就能成活，这 3 株木麻黄是信心、是希望。谷文昌要求县苗圃做好木麻黄育苗的准备。

1957 年，喜讯不断。先是林业技术员吴志成报告，查到了国外种植木麻黄有效防治沿海风沙的资料。谷文昌高兴地说："不管外国货中国货，只要能治风沙就行。"第二个喜讯是省林业部门通报：广东省电白县在沿海沙地种植木麻黄成功，中央人民广播电台做了报道。木麻黄，木麻黄，又是木麻黄！谷文昌兴奋得喜笑颜开，县委决定大种木麻黄，立即派出农工部长靳国富带领林业技术员、农村干部 20 多人到广东省电白县学习取经。靳国富一行到电白后，和当地干部群众一块种植木麻黄，现场学习种植技术，还带回了 3 捆树苗，分别在西山岩、赤山、白埕试种，这些木麻黄大多数成活了，苗圃育苗也非常成功。

大面积种植木麻黄需要大批树苗，育苗需要大量种子。县委让县长樊生林亲自指挥调种。全县派出 230 多人到厦门、永春、平和、南靖等地采种，要求机关出差人员顺便采种，请省林业厅、地委、专署大力支持。林业部从国外进口树种给予支援。县里迅速组建了 53 支造林专业队并组建、扩建了一批木麻黄苗圃，为大规模种植木麻黄做好准备。

细雨霏霏，微风丝丝，正是种树的好时机。谷文昌亲任指挥，驻岛部队和有关部门负责同志任副指挥，县委组织各界群众齐出动，突击四天种下了 20 多万株木麻黄和大批的黑松、相思树等幼苗。人们看着这绿色的生命，忘记了苦干的疲劳，翘首企盼新生命的复苏。岂料，天不作美，树刚种完，气温骤降，一场倒春寒袭来，持续低温一个多月，东山的绿色之梦再一次被击碎了。谷文昌到白埕村现场，发现9株木麻黄劫后余生。他蹲下身子看了又看，摸了又摸，像对待自己的孩子，对随行的同志说：“没有失败就没有成功，失败了再干，这就是共产党人的气概和风格！大家看，不是活了九株吗？能活九株，就能活九千、九万株，绿化全东山。”“只要我们有决心，光秃秃的海岛，一定会变成绿油油的海岛。”

吃一堑长一智。东山县委要求干部群众都来总结这次大规模种植木麻黄失败的教训。他们在飞沙滩上，“旬旬种树”，即每10天种一批不同品种的木麻黄，通过比较，看看哪个品种、哪个时间段种的木麻黄成活率最高，从中掌握规律。谷文昌还和白埕村林业队一道种下20亩试验林。功夫不负有心人，他们终于摸清了木麻黄的生长习性，在木麻黄的多个品种中短枝的最适合东山栽种，总结出了《沙地木麻黄种植六大技术要点》，印成小册子下发每个村的林业队，并通过培训班等方式让广大干部群众掌握了木麻黄栽培技术。县委依据人民公社成立后生产资料公有制的新情况，制定了新的政策：国造国有，社造社有，房前屋后个人所有。集体种树实行包工、包数量、包成本、包质量，同工同酬，育苗一亩以上抵消征购任务。政策调动了群众的积极性，坚定了群众的信心。

经过10个月的充分准备，东山县再次举行植树造林誓师大会，这是一次总结经验教训，掌握科学规律，鼓足干劲力争上游的大会，在上次目标的基础上，谷文昌代表县委提出了绿化东山的新目标：“举首不见石头山，下看不见飞沙滩，上路不被太阳晒，树林里面找村庄。”每逢雨天，有线广播即刻播送造林紧急通知，各级干部率先冲进雨幕，百里海滩上布满了造林大军，歌声同雨声齐飞，汗水与雨水交融。连续3年，天一下雨，东山人民就冒雨出动，先后植树8.2万亩。400多座山头，3万多亩沙滩，全部披上了绿装。

1963年，全省大旱。省委书记叶飞视察闽南，来到东山。十年前东山保卫战后，他到过东山。那时的东山看不见绿色，整天尘沙蔽日。可眼前的情景让他吃惊：青山绿水，禾苗茁壮，两三米高的木麻黄在海岸线上，形成了绿色的长城，清新湿润的空气，没有一点久旱之岛的影子。谷文昌治理风沙他早有所闻，但百闻不如一见。1964年2月，叶飞点名让谷文昌在全省农村工作会议上介绍经验，谷文昌作了《用革命精神改造自然建设海岛》的典型发言，东山县大力植树造林的经验在八闽大地得到推广。此后14年，福建沿海建起了4000多公里的多层次防护林，第一道就是木麻黄，第二道是果树林，再往里看是一方方良田，被称为“谷文昌模式”。从1978年起，福建省森林覆盖率一直保持全国第一。人们都说谷文昌功不可没。

## 勇于担当——“共产党人要敢于面对实际，对人民负责”

解放后的东山县委，是改天换地的一线指挥部，掌握好、用好党的政策对调动群众建设新东山的积极性是至关重要的。谷文昌登上东山岛遇到的第一个棘手的问题，就是如何对待壮丁家属。原来，东山解放前两天的凌晨2点，国民党军突然包围了位于东山岛东北隅的铜钵村，以查户口为名，抓走了村里147名壮丁，最小的17岁，最大的55岁，已婚91人。只有298户1334人的小渔村遭此浩劫，三日不见烟火，只有嚎啕的哭声。从此成为远近闻名的“寡妇村”。铜钵村属于城关辖区，担任城关区委书记的谷文昌，上岛后第一时间来到村里，感受到了群众对国民党的痛恨和对共产党的期盼。“兵灾”啊，谷文昌印象太深了。半年后谷文昌担任了县组织部长、又是县工委五人核心小组的成员之一，他了解到83000多人的东山岛，国民党溃退时从岛上三次抓走了“壮丁”4000多人，他们的家属、姻亲关系遍及全岛。按照有关规定，在国民党军队里当兵就是“敌伪家属”。在谷文昌看来，这不符合我们党实事求是的一贯原则，要具体情况具体分析。虽然国民党军队靠的是抓壮丁，但没有哪个地区抓的壮丁，时间、人员这么集中，何况在老解放区，土改时符合条件的蒋军士兵家庭，同样分配土地。看看受害家庭的白发爹娘、新婚少妇、无依孤儿，他们对国民党恨之入骨，对共产党充满了期盼，怎能再让他们受到双重伤害。共产党是为人民谋幸福的党，怎么能再往穷苦人的伤口上撒盐。作为核心小组成员的谷文昌向县委提出建议：“共产党人要敢于面对实际，对人民负责。国民党造灾，共产党要救灾。”在他的建议下，县委决定：把“敌伪家属”改为“兵灾家属”。对他们政治上不歧视，经济上平等相待，困难户予以救济，孤寡老人由乡村照顾。“敌伪”改为“兵灾”，两字之改，符合我们党团结教育依靠广大群众的总政策，得到了上级的认可。一年后的东山保卫战，“兵灾家属”以良好的表现，报答了党的关怀，也证明了谷文昌的远见卓识。

1953年7月16日东山保卫战打响，兵灾家属坚决站在共产党一边，支援1200人的守岛部队，抗击了13000名国民党陆海空三军的进攻。作为县长的谷文昌，是东山保卫战的地方总指挥，他组织全县民兵和群众，配合支援解放军坚守阵地。“兵灾家属”表现尤为突出。她们烧敌人的反动标语，剪敌人的电话线，冒着枪林弹雨为部队送水送饭、运输弹药、救护伤员、给增援部队当向导……东沈村的叶明花，面对敌人的刺刀大义凛然，宁死也不说出村干部的住处；石坛村的刘杏，在敌人进村后，冒着生命危险将两名解放军伤员藏匿在家里，几次骗走前来搜索的敌人；探石村的陈岱仔给坚守阵地的解放军送水，中途遇上敌军，把两桶水倒光后英勇牺牲……

政策和策略是党的生命，这生命在群众心中。每句话，每个行动，每项政策，只要符合人民的利益，民心就不会失去。

“大跃进”中的东山岛，群众热情高、干劲大。防沙造林、建水库、筑海堤、修公路、造盐田……谷文昌从当地的实际情况出发，决定工作方针，既保护了群众的积极性，又避免了“瞎指挥”“浮夸风”。大炼钢铁之风吹进了海岛，怎么办？谷文昌冷静地说：“东山缺柴烧，又没有矿石，怎么炼？”先砌个炉子试一试，试的结果，炼钢之风岛内没有形成气候，避免了一场劳民伤财的折腾。在地区评比的图表上，东山的养猪数量是“猪尾巴”。上边催，下边急，谷文昌掷下铿锵有力的四个大字：实事求是。年终东山县超额完成生猪调拨任务，在地区评比表上“猪尾巴”变成了“猪头”。

谷文昌经常教育干部，无论办什么事情都要有群众观点，为群众着想，从实际出发，不能随心所欲。他语重心长地说：“我们既然是为人民服务的，为什么不多听听群众的意见呢？”他要求干部坚持群众路线，发扬优良作风，不当东转西看的“风水先生”；说话办事一是一、二是二，不能弄虚作假；吃饭住宿不搞特殊；关系群众的事同群众商量，不能强迫命令。谷文昌还要求干部“把政治、技术、业务结合起来，孜孜不倦地学习。结合的最好方法是做什么学什么，管农业的，要懂农业、会干农活，管盐业的要会制盐坎、晒盐……不仅要从书本上学，还要从实践中学”。他以身作则，不仅刻苦学习理论，而且带头学习技术。

谷文昌一年到头，大部分时间在基层。东山的山山水水闪动着他的身影，社社队队留下他的足迹。在田头他与农民席地而坐谈生产，在村舍他与农民一道卷着土烟拉家常。全县四五百位生产队长，他大都能叫出名字来。干部找他汇报工作，群众找他反映问题，他什么时候都不烦，三更半夜也不嫌。他自己常年穿一双黑布鞋，一套灰中山装，深入到田间，挽起袖筒植树，卷起裤脚犁田，拿起钢钎打石头。群众想什么，盼什么，他就带领群众干什么。这样的县委书记、模范执行党的政策的共产党人，还会得不到群众的信任吗？

## 攻坚克难——“群众需要什么，我们就去做什么”

东山岛地处福建东南海域，与大陆的最近距离只不过五六百米，但水深浪高，给群众的生产生活带来很大困难。千百年来，舟覆人亡的惨剧时有发生。世世代代的海岛人，总想有一天能把东山与大陆相接起来，使孤岛变成半岛。但当时东山的人力、财力都非常有限，修一条海堤谈何容易！“把海岛变半岛”是人民群众的愿望。谷文昌说：“人民的需要就是我们的工作。我们要敢闯新路，勇往直前！”他反复听取群众和技术人员的意见，与县委、县政府的同志酝酿讨论，毅然拍板：修一条海堤！把海岛与大陆连接起来，将会促进海岛发展，扩大对外联系；方便群众，免除舟楫之苦；有利于加强战备，巩固国防；促进发展养殖，利用苦卤制造化工原料；围垦盐田，扩收渔盐之利；沿堤修筑渡槽，引大陆淡水入岛，解决人畜饮水、浇地用水……

谷文昌担任建堤领导小组组长，县长樊生林亲任指挥。经过勘察设计，海堤从东山县八尺门至云霄县。这一段海水最深处10.9米，全长569米，外延公路1000米。大堤高出水面5米，底宽110米，顶宽13米，防浪墙高6.25米。初步测算需投入普通工、船工、技工100万个工日，土、石、沙料近50万立方米，总投资200万元。当时对一个小小的东山县来说，可谓工程浩大！福建省委、省政府，龙溪地委、专署批准了这一方案，由国家投资，福州军区、龙溪军分区全力支持。1960年初工程动工，县长樊生林吃住在工地，全力以赴，具体指挥。东山县民工是主力，龙海、云霄、诏安等县的民工、船工、技工，驻岛部队指战员、机关干部组成了浩浩荡荡的筑堤大军。谷文昌经常到工地检查指导，参加劳动。经过一年多的艰苦奋战，到1961年6月海堤竣工，天堑变通途，海岛变半岛的美梦终于成了现实。通过八尺门海堤，20世纪70年代架起了高21米的雄伟渡槽，云霄县的淡水源源不断的流入了东山，至今仍在发挥作用。我们来到八尺门海堤，听说海堤要凿洞、架桥，使洋流能循环流动起来，这与当年海岛变半岛一样，是历史的进步。谷文昌地下有知，也会为东山人民高兴的。

东山原来没有一条像样的公路，谷文昌就带领群众修路，到他离开时，实现了村村可以开进汽车、拖拉机。如今四通八达、纵横交错的公路网，就是在当年基础上建成的。东山缺水，十年九旱；一年不旱，就是大涝。特别是遇到海潮，“一次水淹，三年绝收”。谷文昌在带领全县人民大搞植树造林的同时大办水利事业，他和水利部门一起研究规划，建水库、修水渠，挖沟排洪，筑堤建闸防海潮。一眼眼水井、一处处塘坝、一座座水库、一条条管道逐步建立起来。全县最大的红旗水库干支渠长达13公里，直至目前不仅仍灌溉着6000多亩土地，而且以水库为水源建起了自来水厂，为城镇居民、码头、企业提供用水。1961年8月，东沈、南埔、樟塘等村，又一次暴雨成灾。谷文昌和县委副书记靳国富、办公室主任林周发冒雨赶到，深一脚浅一脚，跌跌撞撞，查看水势。情况探明后，当即研究决定，清理旧沟、开挖新沟，筑海堤、建闸门、修扬水站，使之抗旱、排涝、防潮三全其美。工程完工后，一条长1500米、宽50米的鸿沟既可排水又可蓄水，两座13孔节制闸，有效地发挥调控作用。这些村庄不仅扩大了500多亩耕地，而且粮食、甘蔗、花生大幅度增产，至今仍然是一片丰产田。1963年大旱，连续241天没有下雨，谷文昌和县委副书记陈维义等同志到群众中总结抗旱经验。“地面无水向地下进军！”打大井、深井、塘中套井……建永久性抗旱工程285

处，临时工程 892 处，这一年东山农作物仍然取得较好收成。

建海堤、防海潮，发展多种经营，也是谷文昌的日夜所思。当时的岐下、西崎等 7 个自然村深受海潮之害、无路之苦。县委即确定修一条 1300 米长的海堤，阻挡海潮，兴建盐场、农场。海堤建成后，大路相通，保护了群众的生命财产。县里还建起了 1.8 万公亩盐场，最高年产达 3 万吨，为东山创造了可观的财政收入。东山土地不多，他提出“以海为田，向海域进军”。大力发展制盐、捕捞、养殖。解放初期全岛渔船都是破旧的木船，网具落后。谷文昌与渔民乘船出海，体验渔民生活，到渔民中调查研究。面对渔民的疾苦，他千方百计带领群众改造旧船，改进网具，重建后澳避风港，渔民们无不喜笑颜开。

1970 年 7 月，宁化县要在隆陂修座水库，解决当地的抗旱与排涝问题，但又苦于找不到指挥人选，这时县领导想到了正在下放劳动的谷文昌曾在东山领导过建水库，于是他被任命为宁化隆陂水库总指挥。谷文昌受命后，来到工地，与民工一起抬石头、筑堤坝，风雨同舟。经过一年奋战，隆陂水库建成了，禾口人民结束了缺水缺电的时代。48 年来，水库在防洪、抗旱、发电、改变生态环境、群众饮水等方面，发挥了重大效益，至今人们对他仍念念不忘，在水库边修建了“谷公亭”，建起了展室，纪念谷文昌的功绩。修完水库，谷文昌回到龙溪任行署林业局长、农办主任、龙溪地区革委会副主任、副专员，是能上能下的好干部，是身不离劳动、心不离群众的共产党人。

谷文昌牢记共产党人不是要做官而是要革命。他总是满腔热忱地对待群众，为群众排忧解难。人们数不清谷文昌究竟亲自接待了多少群众，帮助了多少有困难的人，但被帮助过的群众没有忘记，至今被人们传为美谈。

（作者系中共中央组织部原部长）

# 六、实践探索

# 解决群众“急难愁盼”问题需深化治理机制创新*

王佃利

2020年9月18日，习近平总书记在湖南考察时强调，要坚持以人民为中心的发展思想，着力办好群众各项“急难愁盼”问题。回应群众“急难愁盼”问题的能力是国家治理能力的重要体现，而解决好基层群众的“急难愁盼”问题要求政府不断提升为人民服务的精准性和精细化水平，不断增强群众的幸福感和获得感。在新的时代背景下，通过体制机制创新有效解决基层群众“急难愁盼”问题是顺应新的发展形势、贯彻新的发展理念、满足群众美好生活需要的必由之路。

## 群众“急难愁盼”问题的治理困境与创新需求

随着经济社会发展水平的不断提升，社会结构和社会主体之间的不断分化导致个体异质性特征逐渐呈现，不同主体之间的诉求也呈现多层次、多样化特征。以群众“急难愁盼”问题为导向、增强群众的幸福感和获得感是基层社会治理的首要任务和目标。但在实际的社会治理过程中，基层面临着较为复杂的治理困境，各种瓶颈问题的存在使得服务群众的“最后一公里”迟迟没有彻

* 节选自《国家治理》2020年第40期，收录时有删节。

底打通。

其一，资源困境。丰富的治理资源是解决群众问题、提升基层治理效能的基础和保障，而基层治理面临的首要困境为治理资源与治理需求的不匹配。近年来，随着“放管服”改革的不断推进，基层承接了大量上级职能部门下放的事项，体现了社会治理重心不断下移的发展趋势。但在治理重心下移的过程中，基层治理所需的各类资源仍然主要集中于上级政府部门。基层内部资源难以进行有效集聚乃至流失，区域内的资源无法下沉导致基层治理现代化缺乏必要的资源支持，基层治理所需的人力、物力和财力资源相对不足，基层政权掌握的资源量与群众多样化的需求之间存在差距，缺乏解决群众“急难愁盼”问题的物质基础。

其二，服务困境。基层是解决群众问题、满足群众需求的“第一现场”。基层社会治理中的公共服务应实现治理需求与服务供给相匹配。同时，基层也是政府公共服务的最终落脚点，“上面千条线”式的政策落实和服务提供方式，体现了公共服务提供者的责任担当和目标指向。但是这些公共服务供给却在与居民需求匹配方面出现了错位，使得政府提供的某些公共服务并不完全符合群众的所盼所想。在基层治理过程中，公民大多情况下仅仅是被动的服务接受者，缺乏自下而上表达自身利益诉求的渠道和意识。在基层治理结构中，基层政府和社区居委会以完成上级行政任务而非以解决群众“急难愁盼”问题为自身工作导向，在基本公共服务供给方面“一刀切”，难以精准识别群众的差异化诉求，这是基层治理的顽疾所在。

其三，方法困境。信息时代给社会治理带来的机遇和挑战就在于治理方法的迭代更新，新问题、新技术要求新能力、新方法。基层工作事务琐碎化、群众需求多元化都要求更好的技术方法支持，但是基层工作人员的结构和能力往往难以适应现实工作的需要。

一方面，信息技术已经成为推动治理变革的重要杠杆，城市治理中已经广泛推行智慧城市、智慧社区、城市大脑等技术应用，对数据采集、数据使用、数据评估等提出了新要求，同时这些大数据应用如何更好适应基层生动而复杂的工作场景还在探索之中；另一方面，基层社会治理中所面临的一个常态问题就是基层工作队伍的不稳定和流动性，好的工作经验和工作方法难以持续，同时基层的问题往往难以精确锁定，群众的“急难愁盼”问题常常是多个简单问题交织在一起的复合型问题，这对解决问题的程序和步骤提出了较高要求，需要对基层治理的优秀做法进行总结和提炼，形成制度化的工作方法以更好解决基层工作中的流动性问题。

从基层治理现状来看，当前城市基层社会治理出现了社会治理公共资源难以下沉、基层治理资源短缺，公共服务供给不能更有效地对接居民需求，社区自治水平受限等问题。这在一定程度上表明现有的基层社会治理机制已经不能完全适应当前社会的发展需要，基层治理过程中原有的体制机制在解决群众“急难愁盼”问题方面难以发挥全面实效。为此，要想从根本上提高基层对问题的回应性，就要通过体制机制创新为基层增权赋能，以体制机制创新驱动基层社会治理现代化，这是提高基层治理效能的关键所在。

## “三放两化”工作机制的内涵和生动实践

在基层社会治理过程中，社区是直接对接群众生活需求、解决群众问题的治理单元，社区治理机制的创新事关群众幸福感和基层治理成效的提升。社区治理资源是解决群众“急难愁盼”问题的现实基础和重要保障，实现区域资源向社区的有效汇集是破解基层治理工作“有心无力”的关键所在。

2018年6月12日，习近平总书记在青岛市李沧区上流佳苑社区考察时强调：“要推动社会治理重心向基层下移，把更多资源、服务、管理放到社区，更好为社区居民提供精准化、精细化服务。”近年来，青岛市围绕习近平总书记的重要讲话精神提炼出了“三放两化”工作机制，即把资源、服务、管理下放到社区，为社区居民提供精细化、精准化服务。“三放两化”新模式建立起了社区治理资源统筹创新的长效机制，通过整合社区治理资源、推动社区资源的高效配置，为切实解决群众“急难愁盼”问题提供了助益，同时也为创新基层治理体制机制积累了丰富的经验。

## “三放”：对社区资源统筹机制的创新实践

对社区资源的统筹是社区治理的前提和基础，社区治理资源统筹机制的创新能够有效缓解社区资源短缺和权责失衡的困境。

其一，以资源下放推动各类实实在在的治理资源向社区集聚。将基层所需的治理资源下放是为基层增权赋能的第一步，资源下放即要坚持人往社区走、钱往社区投，促进各类物质资源向一线倾斜，缓解基层有责无权的问题，激发基层干部干劲，从而提升服务效能。首先，在人力资源方面，青岛市通过增加编制等举措，吸引各类人才向社区聚集；在街道层级只保留必要的办公人员，其余人员全部下沉至社区，直接从事社区公共管理，从而增加社区人力资源储备。其次，在财力资源方面，通过制定社区工作经费使用管理办法，建立社区事权与财权相匹配的保障机制，扩充基层建设和服务群众经费。青岛市李沧区部分社区党组织还积极探索集体经济制度，大力发展社区集体资源，改善了社区资源匮乏的现状。

其二，以服务下放推进各类便民服务事项向基层延伸。将服务下沉到社区，即要将与群众生活密切相关的各类公共服务延伸至社区，并通过优化服务流程、创新服务供给方式等，使基层在回应民需、解决群众“急难愁盼”问题方面大有可为。在服务下放方面，一方面，优化社区服务供给流程，通过搭建社区服务平台，促进公共服务向社区延伸；另一方面，创新社区公共服务的供给方式，通过引入技术化手段和项目合作，培育基层社会组织，构筑基层公共服务新体系。

青岛市李沧区各社区对政府延伸到社区服务中心的公共服务事项实行“一窗受理，全科服务”，在社区内部建立一站式服务大厅，投放政务服务自助终端，简化群众办事流程，并全面推行社区服务“一次办好”改革；利用大数据、互联网等新兴技术，搭建社区服务供给平台，真正将智慧服务深入社区，切切实实让社区居民全面了解并享受当前的社区服务；各社区充分利用所在区域的优势技术与平台，将社区服务嵌入到区域市场网络中，不断创新社区公共服务的供给方式，增强社区资源与服务供给的能力。

其三，以管理下放赋予基层社区治理自主权。管理下放基层的前提是厘清基层的权责清单，通过管理下放赋予基层更多的管理权限，从而促进治理重心向基层下移，将管理制度优势转化为社区治理效能。青岛市李沧区在将管理事项下放的同时予以基层相匹配的权力，具体表现为，制定职能部门职责下沉准入制度，新增事项确须街道承担的，由区委区政府严审把关，并做到权随事转、人随事转、费随事转。同时，赋予街道对区直部门派出机构负责人的任免征询权、人事考核权、重大决策和重大项目的建议权，有力激发了基层干部的工作积极性，提升了为民服务的水平。

# “两化”：社区资源配置和服务供给机制创新

习近平总书记提出的“城市管理应该像绣花一样精细”的重要指示，指明了深化基层治理的工作方向。资源、服务和管理的下放是社区服务精准化、精细化的前提条件，社区服务的精准化和精细化是对社区公共服务供给模式和社区资源配置机制的创新和转变，即由过去粗放型、指令式的社区服务模式转向集约型、精细化的社区服务模式。

精细化服务指向的是群众“急难愁盼”问题的复杂性。由于基层问题具有多样性、复杂性、现场性等特征，同时又受制于基层资源禀赋、发展程度和管理水平的巨大差异，需要在有限的选择中选择恰当的服务策略。这就必须要以现实问题为导向，因地制宜、分类施策，推进差异化的管理和服务策略，在具有普遍价值的公共服务供给中寻求“个性化”的精细服务。

社区服务的精准化和精细化要求基层治理以社区居民的服务需求为导向，通过对居民的社区服务需求进行精确识别来设计社区服务供给方案，结合各类技术手段实现社区居民需求和服务供给以及资源配置的无缝对接，这是解决民众“急难愁盼”问题的应有之义。青岛市李沧区探索建立以大数据为基础的群众问题发现机制，并对解决了社区问题的工作经验进行提炼和优化，形成了一系列社区工作法。例如，上流佳苑社区以党员为骨干，组建起志愿服务队伍，建立对口帮扶模式，每月为有需求的独居老人提供所需服务，定期维护社区设施；延川路社区党委通过楼院党小组的网格划分，将支部建在网格上，通过开展党员联户、隐患排查、服务代办等，为居民提供精准化、精细化服务。利用互联网、大数据、区块链等数字化管理手段，通过政府机构、社会组织、管理网格等服务连接，建立居民需求和社区服务精准对接机制，促使社区居民的差异化需求在社区层面得到最大程度满足，提升了社区服务供给的精准化、精细化水平。

“三放两化”工作机制是在增权和赋能的基础上为基层建立的机制保障和机制创新，其核心是构建社区治理资源统筹和高效配置的长效机制，包括纵向上将区域内的资源、服务、管理下放到基层社区，实现社会治理资源进一步下沉到基层社区和社会治理重心向基层下移，从而促进社区的良性治理；横向上将社区汇聚的资源通过高效的资源配置，精准识别群众诉求，转变和创新社区服务的供给方式，使得社区中的各类治理资源能够更精准地解决社区的实际问题，满足居民的多样化需求，最终打造共建共治共享的基层治理格局。青岛市李沧区对“三放两化”工作机制的生动诠释，是对“将矛盾化解在基层”和“人民城市为人民”治理理念的进一步深化。

## 进一步以基层治理机制创新解决群众“急难愁盼”问题的思考

随着城市发展进入精细化治理阶段，基层治理需要回归“满足人民群众对美好生活向往”的需求。因此如何更好地提升基层尤其是社区治理水平，成为当下中国城市治理的热点话题。近年来，基层治理难逃路径依赖的窠臼，内卷化问题愈发突出，以解决实际问题为导向创新基层社会治理体制机制成为推进基层社会治理现代化精准施力的方向。基层治理体制机制的创新需要从资源汇聚机制、问题解决机制、服务供给机制三方面展开：

## 创新社区内部资源的挖掘机制，激活社区治理的内生动力

社区资源的汇聚机制不仅包括社区治理资源纵向上的下沉，还应注重社区治理资源的内部挖掘。“三放两化”工作机制是对社区外部治理资源统筹所进行的机制创新。当前我国的社区治理资源输入过分强调自上而下的路径依赖，缺乏对社区内部潜在治理资源的挖掘和激活。在社区层面，各类企业、社会组织和居民拥有丰富的社会资源，打通各治理主体之间的沟通壁垒对于挖掘社区内部资源具有重要意义。基层党建是突破条块区域限制、打破各单位沟通壁垒的核心动力。在挖掘社区内部资源的过程中可以具体通过区域化党建的方式实现党建单位各类治理资源的互联互通以及人力、财力和物力资源在社区的集聚。在新形势下，突破传统的党建模式，通过“智慧党建”带动基层治理资源的流动与集聚，以精准识别群众诉求、精细化凝聚各类资源，是基层党建机制创新的新方向。

## 创新社区问题的解决机制，提高公共服务供给的精准化和精细化水平

一方面，创新多元协同机制，丰富解决群众“急难愁盼”问题的手段。随着国家治理体系和治理能力现代化的不断推进，各方治理主体的参与意识不断增强，社会治理方式由主要靠政府管理向多元主体合作共治转变，主动广泛吸纳社会多元化主体参与治理成为社会治理的常态。在社区层面，以多元协同机制带动政府、企业、社会组织、居民多方合作不仅能够整合多方资源，更能通过各个主体的不同优势为满足居民需求提供多样化手段，从而实现公共服务供给能力的现代化。在新的社会发展时期，创新多元协同机制要求在理清各基层治理主体权责的基础上，通过各类项目合作的方式汇聚社会多元主体力量，充分培育民间组织以引导和带动公民参与，实现多元主体之间互动的常态化，通过自

治化手段更好地解决群众的“急难愁盼”问题。

另一方面，创新民主协商机制，丰富民众治理意愿的表达渠道。民主协商机制为各类治理主体提供了直接对话的平台，能够有效化解居民的利益纠纷，是解决群众“急难愁盼”问题的有效机制。因此，立足新的发展形势，基层治理应由传统的行政控制式的利益协调模式转向采取更加公开透明解决矛盾冲突的民主协商机制，在党组织的引领下全面整合辖区内企业、驻地单位、社区工作者、社会组织、志愿者队伍以及业委会骨干等协商议事主体，推动其参与民情协商，探索建立协商议事规则与居民公约，打造社区信息网络平台，在保证社区信息共享的基础上能够更加精准地识别群众诉求和治理偏好，打通各主体的协商壁垒。

**引入技术手段，创新群众诉求的识别和服务供给模式**

随着大数据技术向社会各个领域的不断延伸，科技成为当前公共管理不可或缺的工具和手段。大数据技术在精准识别居民需求方面发挥着重要作用，其通过海量数据的收集和计算能够对群众“急难愁盼”问题进行精准定位，从而保证政府进行精准决策并有效推进政府公共服务供给模式的革新。因此，应充分发挥技术手段在基层体制机制创新过程中的作用，将数字管理手段引入各个机制创新的过程中，打造“互联网＋政务服务”“智慧党建”、基于数据的合作网络治理等机制，从而提高公共服务供给的精细化和精准化水平。

当前中国处于经济社会高速发展的时期，在此进程中政府与社会的关系不断进行调适。立足新的发展阶段，以人民为中心的发展思想要求必须以解决群众“急难愁盼”问题作为基层治理的导向，以满足人民群众的美好生活向往作为基层治理的目标。在这样的治理愿景下，我国基层治理应不断创新基层资源的挖掘机制、群众问题的解决机制和服务的精准化供给机制，通过为基层增权赋能以提高基层服务的精细化和精准化水平，最终实现既安定有序又充满活力的“中国之治”。

（作者系山东大学政治学与公共管理学院教授）

# 民主恳谈：新时期党的群众路线工作方法的创新*

朱圣明

党的群众路线讲的是党与人民群众的关系问题。它由“一切为了群众，一切依靠群众”和“从群众中来，到群众中去”两个方面构成。前者是其价值归宿和理论起点，是关系党的性质、宗旨的根本问题；后者回答了正确的路线、方针、政策何去何从的问题。群众路线是党的生命线。我们在任何时候、任何情况下都必须坚持党的群众路线。贯彻党的群众路线需要有具体方法。该具体方法在不同历史时期具有不同内容。在市场经济、社会转型和利益多元、不断分化的新时期，传统的群众路线工作方法无法充分为人民群众提供诉求表达、平等参与的平台，难以抚平社会的焦虑与不安。党的性质和宗旨要求创新群众路线工作方法，以对话、协商代替动员、教育。协商民主就是这样一种“接地气”的方法。协商民主是党的群众路线在政治领域的重要体现，是新时期党的群众路线的工作载体，能够让民意得到释放，让民智得以集中。温岭地方治理实践首创的民主恳谈是协商民主的典范，也是党的群众路线工作方法的重大创新。

* 本节选自《重庆社会主义学院学报》2015 年第 1 期，收录时有删节。

# 一、密切干群关系：民主恳谈的缘起

## （一）民主恳谈的产生

民主恳谈的原初形态是1999年6月在温岭市松门镇召开的“农业农村现代化教育论坛”，是一种思想政治工作创新。当时，浙江省的“农村基本路线教育实践活动”已经连续开展十余年。但是，传统的“干部台上作报告、群众台下听报告”的“灌输式”教育不能引起群众的兴趣。经过总结发现，该问题的症结在于干群之间有隔阂、有距离，缺乏应有的沟通，关系较为紧张。因此，密切干群关系是解决这个问题的关键。密切干群关系需要载体。于是，有关部门就设法寻求一种新形式，让干部群众坐到一起，群众当面提问题，干部现场作解答，两者一起商量、共同解决热点、难点、焦点问题。这种新形式收到了意想不到的效果。群众得到了诉求表达的机会，干部得到了疏导说明的机会，彼此都尝到了甜头。它从开始的“不做不行”发展到后来“做了还真行”，被一直坚持下来。其议题和范围不断扩大，逐渐从与群众切身利益相关的一家一户事情拓展到公共事务，再发展到工资集体协商、参与式预算、党内民主恳谈等。

松门镇开展的民主恳谈活动，把“民主、服务”贯穿于全过程，把听民声、察民意、理民情作为立足点，把解民题、顺民气、聚民心作为关键点，把集民智、增才干、促发展作为落脚点。民主恳谈给了群众民主决策的权利，消解了干部说一不二的特权；让群众参与民主管理，使干部失去了往日居高临下的地位；给群众搭建了民主监督平台，提供了质询的机会，使干部的“暗箱操作”变得困难。民主恳谈特别是把它作为一项制度坚持下去，对干部的应对能力提出了考验。然而，传统的群众路线工作方法的低效甚至失效，要求干部探索、使用民主恳谈这一新的群众路线工作方法。

## （二）民主恳谈的制度化规范化

在松门镇的初始实践之后，温岭的民主恳谈逐步朝制度化、规范化方向发展。该过程主要有如下典型节点。

2000 年 8 月 21 日，《中共温岭市委关于在非公有制企业开展“民主恳谈”活动的意见》指出：“企业‘民主恳谈’活动，是企业主与企业职工之间交流沟通的一种重要方式，是加强和改进我市思想政治工作的一个重要载体，是非公有制企业思想政治工作的有益探索。”2003 年，新河羊毛衫行业开展的工资集体协商就是从民主恳谈中脱胎出来的，与非公有制企业的民主恳谈活动有着直接的联系。

2001 年 6 月 12 日，中共温岭市委在《关于一步深化“民主恳谈”活动加强思想政治工作推进基层民主政治建设的意见》中，将各地形式多样的实践活动统称为“民主恳谈”，提出“将‘民主恳谈’活动推向基层和各个领域，做到纵横延伸。要积极创造条件，使民主恳谈从现在的乡镇（街道）、村、企业三个层面，进一步延伸到城镇居民社区、基层事业单位、党政机关、群团组织”。

2002 年 10 月 9 日，中共温岭市委在《关于进一步深化“民主恳谈”推进基层民主政治建设的意见》中进一步要求：温岭市各地各部门都要把民主恳谈作为重大决策的必经程序；镇（街道）一级的民主恳谈，要建立重要事项决策听证制度，引导群众广泛参与全镇公共事务的决策、管理和监督；村一级的民主恳谈要建立重大村务村民公议公决制度，让广大村民充分行使自己的民主权利。

2004年9月29日，中共温岭市委出台《关于“民主恳谈”的若干规定（试行）》，对民主恳谈的基本原则、议题范围、参加对象、基本程序和实施监督做出明确规定；赋予了群众“异议权”，即“对领导班子会议做出的决定以及未被采纳的建议、意见、要求做出解释、说明。镇‘民主恳谈’会，群众对宣布的决定持有异议，可向镇人大主席团或人大代表反映，若获得五分之一以上人大代表支持联名提出，镇人大主席团应召开人民代表大会表决做出决定”。

2004年，温岭党内民主恳谈开局。2008年1月12日，中共温岭市委通过的《关于党内民主恳谈的若干规定（试行）》，明确下列事项需提交党委讨论决定、在党委决策前开展党内民主恳谈：“1. 提交党代会、全委会审议的工作报告；2. 党代会代表提出的全局性或涉及面较广的提案；3. 拟出台的重要规范性文件；4. 党的建设的重大问题；5. 涉及经济社会发展的重大事项；6. 党员群众反映强烈的热点难点问题。”

2005年，参与式预算在泽国、新河破题；2008年进一步向上拓展到市级部门。2009年1月10日，温岭市人大常委会专门下发了《关于开展预算初审民主恳谈，加强镇级预算审查监督的指导意见》，对乡镇参与式预算的基本程序做出了明确的规定。其基本程序由会前初审、大会审查和会后监督三个环节组成。2010年6月25日，温岭市人大常委会对这一指导意见做了修订。在初审中，增加了选民代表的产生方式和初审次数等内容；在会后监督中，增加了设立镇人大财经小组和公开预算等内容。2013年12月19日，温岭市第十五届人民代表大会常务委员会第十三次会议专门通过了《温岭市街道预算监督办法》，授权各人大街道工委对本街道的预算、预算调整、决算进行初审，对预算执行开展日常监督及相关专项调查，以解决街道因没有本级人民代表大会而产生的财政预算监督“断层”问题。

2011年12月30日，温岭市第十四届人民代表大会常务委员会第四十一次会议专门通过了《温岭市市级预算审查监督办法》。该办法第3条规定：市人大常委会初审预算草案前，应当组织开展部门预算民主恳谈、预算征询恳谈会，引导公民参与预算方案编制讨论，实行参与式预算；年中审议预算执行情况前，可以组织开展民主恳谈，全面了解预算执行情况。第12条规定：部门预算民主恳谈会采取听取汇报和分组恳谈、集中恳谈相结合的方法进行。

经过十余年的实践，温岭民主恳谈不断向制度化、规范化方向推进，其典型性与生命力不断得到放大。现在，温岭民主恳谈已经成长出5种基本类型：对话型民主恳谈、决策型民主恳谈、工资集体协商、参与式预算和党内民主恳谈。温岭民主恳谈充分发挥了把群众路线工作方法创新和民主实践制度化相结合的积极效能。“在温岭，民主恳谈不仅在农村自治组织中进行，而且在乡镇市直机关政府组织中进行；不仅是一般地听取群众意见，走‘群众路线’，而且让人民参与一些行政决策，在部分与自己切身利益相关的问题上‘当家作主’；不仅是一种工作方法，而且成为一项在全市各单位普遍推广的重要制度。”

## 二、镇级案例：在恳谈中集中民智

民主恳谈大多围绕当地发展与民生这两个主题展开，旨在广泛征求群众意见，真正集中民智，避免决策的盲目性，提高决策的科学性和民主性。民主恳谈是一个群策群力、集思广益的过程，也是一个利益均衡、公平博弈的过程。它既能反映多数人的正当利益，也能保护少数人的合法权益。民主恳谈还是一个谋求共识、达成一致的过程。一次民主恳谈胜过无数次的动员教育。民主恳谈更是一个透明公开、阳光办事的过程。由于决策事关当地经济社会发展和群众切身利益，群众参与恳谈的积极性很高。这样形成的决策更能够符合群众的利益。对于如何在民主恳谈中集中民智，松门镇的“渔需品物资市场建设民主恳谈会”案例提供了很好的说明。

## （一）恳谈会概况

松门镇是一个靠渔业发展起来的中心镇。其原有的120余家销售渔需物资的商家比较分散。随着市场需求的不断增加和辐射面的不断扩大，松门镇需要建设一个专业、集中的销售市场。这就涉及“建还是不建”“建在哪里”“由谁来投资”这三个关键性问题。2004年1月8日，松门镇政府专门召开渔需品物资市场建设民主恳谈会。参加会议的对象有：党代表、人大代表、政协委员和渔船老板、市场办公室人员、渔需生产企业代表、个体经营户、经销商代表等。

## （二）恳谈会过程

该恳谈会主要有5个环节：1. 镇党委书记介绍本次恳谈会的前期准备工作；2. 镇长介绍渔需物资市场建设的缘由及初步设想；3. 与会代表围绕主题，对要不要建、建在哪里、怎样建等问题展开充分讨论，提出各自的观点和看法；4. 镇党委、政府召开班子会议，集中恳谈会获得的意见建议，对方案进行调整、修改与完善；5. 将最终决策方案通报给与会代表。

## （三）恳谈会摘要

1. 周正明（远景村）：“我认为建设渔需物资市场很有必要。现在的 120 多家经营摊位分布在天竺路，造成交通拥挤、道路不通畅。但是建也存在矛盾，即宏观调控与市场经济的矛盾。请党委、政府着重考虑一下，市场建好后，这些摊位是否都会进入市场。如果它们不进来，市场建起来也只是个空壳，这是一个大问题。关于三个选址，从长远利益考虑，南片空间最大，应当放在南片。关于第三个问题，我建议投资形式应采取股份制，即镇、村、经营户三方联合的形式，比较合理。”

2. 朱春友（松门镇安全办）：“就我个人意见来说，建单一的渔需物资市场不如建综合市场。松门作为区块来讲，整体市场形势比较好，把室内、室外装潢建筑市场并入，建成综合市场，会增强市场的集聚能力。如果先建渔需物资市场，再建装潢市场，就形成了重复投资。”

3. 村民（松寨村）：“我个人的看法同时也代表南片老百姓的意见，认为建这个市场是很有必要的。原因是松门没有大的市场，石塘、龙门也没有。至于投资方式，政府不要盲目行事，要先了解一下个体户的意见。如果他们同意搬，政府再拿出政策。关于选址，南片较合适。”

4. 张兴德（幸福村）：“借此机会我讲几点看法。是否建这个市场要根据当地经济的实际。从发展前景来看，渔需物资市场潜在需求很大。因为我们松门靠近东海，渔业生产主要在海洋进行，其最大需求就是各种各样的渔需物资。至于选址，现在有三块。老台贸市场因为投资小、见效快，可以考虑，但地方太小，是短期的。要想发展，最好选在南片。”

5. 松门工商所工作人员：“一是关于，要不要建问题，我们松门这个地方已经有了产业基础，所以我个人的观点是要建。二是关于投资主体问题，以前是政府办市场，现在政策放开了，政府可以控股，村里占一部分，特别要考虑经营户，所以说投资方式采取股份制比较好一些。三是关于选址问题，根据镇里的三个方案，我个人认为应选在南片，能够带动石塘。”

6. 海洋绳索厂厂长：“我所讲的话题是市场建设的定位是什么？据我所知，全国还没有一个像样的渔需物资市场。我的意思是要把市场建好，立足本地，面向全国，以后再逐步走向国外。关于市场投资主体，我认为政府最好不要参与，由市场唱主角。至于选址我不同意以上三个方案，我建议选在大交陈，将盐场这块废地利用起来。至于面积，至少是 200 亩。”

7. 企业主：“对于渔需物资市场建设这个问题，今天上午很多代表畅所欲言，谈了很多意见，我们要办就办上规模、上档次的。因为这个市场办起来不仅可以影响松门，而且可以影响国内外，很多地方都需要渔需物资。关于投资主体的确定，我认为要借鉴义乌的经验。对于如何才能把市场搞活，我建议采用股份制。我认为政府应当占股份，如果经营户要参股也可以考虑。选址应在南片，因为这对石塘、箬山这几个地方的渔民来说比较方便。”

8. 叶克元（松寨村）：“我认为很有必要建这个渔需物资市场。温岭是渔业大市，渔需物资需求量大。渔需物资包罗万象，刚才大家提到的装潢市场就包括在里面。关于投资主体，我认为应实行三级联动的股份制。政府、村、经营户联合参股，可以调动各方积极性。选址应该在南片，原因大家都讲到了，我也同意这个方案。因为南片有发展空间，可以分一期、二期建设，市场大了还可以分三期、四期建设。”

9. 朱法金（创新塑料厂）：“松门是我家，建设靠大家。建设渔需物资市场说明本届政府眼光长远。渔需物资是一个特色市场。松门可以面向全国、面向世界，不要仅局限于本地，也不要只限于几个亿，发展前景是无止境的。投资选在南片较合适，建好市场可以带动地方，活跃当地经济。”

10. 李庆庭（松建村）：“对于要不要建这个问题，我认为松门渔需物资市场办迟了，应该越早越好。关于投资主体，我认为政府和村联合投资比较好。我们村有很多资金闲置着，存银行利率不高，投资市场可以带动经济发展，并且在一定程度上解决失地农民的就业问题。关于选址，我认为南片位置得当。”

### （四）恳谈会结果

根据恳谈会上各方的意见和建议，松门镇党委、政府班子进行集体磋商，当场宣布决策结果：1. 渔需物资市场要建，且建成华东地区最大的渔需物资综合市场；2. 采纳参会者关于市场投资主体（镇、村和经营户联合投资）和选址方案（南片）的意见；3. 对于普遍认可的南片选址，由于涉及部分农保地需要向上级主管部门报告，待审批后再向群众汇报；4. 如南片选址不可行，将采用次优方案。

### （五）恳谈会亮点与启示

1. 依托民主恳谈开展群众工作，顺应了市场经济的要求。在市场经济时代，市场建设与群众的利益密切相关。通过民主恳谈，市场建设这一原本由政府说了算的事情，走进了群众的视野，成了干部与群众磋商的话题。

2. 依托民主恳谈开展群众工作，顺应了群众实现政治权利的需求。经过民主恳谈这个平台，群众的物质利益诉求转化为表达的内容和意愿，实现了自身的政治表达权利。在这个表达过程中，经过市场经济历练的群众展现出了较强的民主素养和参与能力，能够提供有价值的决策参考方案，增加了他们在决策中的话语权。

3. 依托民主恳谈开展群众工作，是贯彻党的群众路线必不可少的环节。在民主恳谈中，党委、政府与各方面群众共商大计，不单是表现一种政治姿态和价值诉求，而是落实党的群众路线的必然要求。

## 三、结束语

温岭民主恳谈经过十多年的培育，领域不断扩展，形态不断丰富，表现出顽强的生命力。民主恳谈已经成为我国基层民主政治建设一道亮丽的风景线，体现了党的群众路线在新的历史时期的深化与发展。民主恳谈为党委、政府和群众提供了相互协商、博弈和沟通、交流的平台。它转变了干部作风，密切了干群关系，为新的历史条件下贯彻党的群众路线提供了可资利用的宝贵资源。党的群众路线依托民主恳谈实现工作方法创新，有效回应了新时期提出的新挑战。

一是回应了中国共产党角色转变带来的挑战。由在计划经济条件下领导国家建设转变为在对外开放和市场经济条件下领导国家建设，客观上要求创新群众路线工作方法。由于传统群众路线工作方法中的动员教育手段存在“边际效用递减”情况，群众对之渐生厌烦情绪，党需要有更好的方法对其进行更新。民主恳谈的最初创意在于变“干部对群众的说教”为“干部与群众的对话”，这正是党的群众路线工作方法的重大创新。

二是回应了政府公信力变化提出的挑战。在信息高度发达的今天，政府不再是全知和全能的。政府制定政策、做出决策的过程，如果缺乏公众广泛、真实的参与，就可能使政策、决策与群众利益相悖，就可能使自身公信力大打折扣，甚至陷入“塔西佗陷阱”。

三是回应了社会转型提出的挑战。改革开放以来，中国产生不少“发展起来以后的问题”。在利益多元、利益分化、全面深化改革的新时代，社会转型对国家治理提出了更高的要求。执政党必须探索、采用民主恳谈这一新方式来做好群众工作。

（作者单位：中共温岭市委党校）

# 建设人民满意的数字化服务型政府*

胡雅南

当前，以数字化、网络化、智能化为特征的现代信息技术飞速发展，加快了数字政府建设进程。数字政府建设是深化“放管服”改革，优化营商环境，推动经济社会高质量发展的重要抓手，也是完善政府现代化治理体系、提升现代化治理能力的关键举措。因此，我们要加快数字政府建设，打造人民满意的服务型政府。

## 一、数字政府建设的内涵和发展趋势

数字政府是以云计算、大数据、物联网、人工智能、区块链等技术为支撑，以一体化在线政务服务平台为载体，以数字化、智能化、智慧化为实施路径，通过政府全方位、系统性变革，实现科学决策、精准治理、高效服务的新型政府运行模式。相比传统政府，数字政府实现了由分散向整体、由管理向服务、由单向被动向双向互动、由单部门向多部门协同、由封闭向开放的“五个转变”。

从全球来看，以英国、新加坡、韩国、爱沙尼亚等为代表的发达国家数字政府建设起步较早，特点分明。英国注重信息化平

* 选自《中国领导科学》2019 年第 6 期。

台建设和人员素质提升；新加坡推动统一公民电子身份认证和网上数据交易；韩国突出数据共享开放，提升政府透明度；爱沙尼亚实施“数字公民”“X-road 计划”两大计划，大规模应用区块链技术。我国数字政府建设分为三个阶段：一是起步阶段。各地各部门主要以信息公开、办公自动化为目标，通过建设门户网站和办公自动化系统，基本实现了政府内部办公的数字化、网络化和自动化。二是普及阶段。各部门开始大量建设独立的专业系统，不断优化业务流程的系统功能，如国家部委建设的“四库”“十三金”系统，在一定程度上提高了政府运作和服务的效率。三是整合阶段。政府部门开始强调和注重系统及数据的一体化、集约化整合，让政府职能和决策更加集中、精准、高效。总体来看，统一、整合、集中、共享是政务信息化和数字政府建设不可逆转的大趋势。

## 二、数字政府在湖北省的探索实践

近年来，湖北省按照“基础设施一云共享，政务服务一网通办，协同办公一体融合，政府治理一键触达”的基本思路，以建立集约完善的基础支撑体系、高效便捷的政务服务体系、科学精准的治理应用体系为主攻方向，持续加强信息化基础设施建设，整合优化平台，深化数据集约共享，开发应用场景，积极探索运用数字技术推进公共治理升级新路径，为新形势下“数字湖北”“数字政府”建设奠定了坚实基础。

### （一）强化顶层设计，构建高效运转的组织架构

数字政府建设涉及政府机构改革、权责碎片化重新整合、体

制机制优化和流程再造、政务服务数字化变革等方面，是一项系统性、综合性的工程，必须依靠强有力的推进机制，树立“一盘棋”思路，加强对数字政府建设的总体规划和顶层设计，提高改革协同性。在顶层设计上，湖北省出台《数字政府建设的指导意见》，确立了一个总体要求（进入全国第一方阵）、两个重要抓手（“互联网＋政务服务”和“互联网＋监管”）、三个重大目标（政府决策科学化、社会治理精准化、公共服务高效化）及44项建设项目的工作任务。一是构建领导体系。成立了省政府主要领导任组长，有关部门主要负责同志为成员的省政府数字建设工作领导小组，负责数字政府建设的组织领导、顶层设计和统筹协调。二是搭建工作架构。形成了“一办、一中心、一平台、一专家委员会”的工作架构。“一办”就是成立新的省政务管理办，统筹负责全省政务服务和数字政府建设。“一中心”就是新组建省大数据中心，承担政务信息服务和综合应用等工作，为数字政府建设提供强力技术支撑。“一平台”就是省政务云平台，通过政企合作模式，汇集全省政务资源，为线上政务服务提供平台支撑。“一专家委员会”就是聘请国内知名专家和企业家，组建专家咨询委员会，为数字政府的顶层设计、总体规划等提供决策咨询。三是建立标准体系。发挥政府数字化转型最大效应，需要对政府系统的信息化平台建设、系统对接、数据共享、政务服务、运行管理、安全保障等基础技术和标准进行统一、整合，注重数据标准和业务标准的匹配，数据系统和业务系统的同步。湖北省形成以政务信息资源共享、政务信息化项目建设管理、电子证照管理等法规制度，发布行政许可事项编码规则、服务指南编写规范、审查细则编写规范三个地方标准，为推进政务资源充分共享提供制度保障。

## （二）强化基础支撑，夯实全量实时的数据基础

数字政府是以大数据驱动的政务新机制、新平台。运用大数据提高社会治理的精准性、有效性，亟须尽快破除“信息孤岛”，建立“跨层级、跨地域、跨系统、跨部门、跨业务”的数据共享交换体系和开放机制。一是实现“网络通”。加大网络基础设施建设，提升宽带带宽和接入能力，推进4G无线网络全覆盖，加快5G技术研发布局，部署基于IPv6的下一代网络，提升网络的可用性和稳定性。同时，推进电子政务外网省、市、县、乡、村五级覆盖，实现电子政务内、外网间的信息安全交换，推动各部门现有业务专网应用分级分类向电子政务内、外网迁移整合。二是强化平台建设。统一政务云平台框架和标准规范体系，推进各地各部门政务信息系统向政务云平台迁移和接入，推进行业云和地方政务云与省级政务云平台融合，实现全省政务资源的集中调度和综合服务。三是推动信息共享开放。建设集大数据采集、存储、治理、分析、管理和应用于一体的大数据能力平台，加快政务数据共享交换。建设全省公共基础数据库和主题信息资源库，形成“物理分散、逻辑集中、原则共享”的政务服务大数据格局。湖北按照“一库、两体系、五大功能区”总体架构建成省大数据能力平台。“一库”是指建设全省的大数据仓库；“两体系”是指资源目录体系和大数据标准管理体系；“五大功能区”是指建设数据接入、治理、服务、管理和安全五个功能区。目前，全省大数据能力平台基础功能已开发完成，实现70.42亿条数据物理集中。

## （三）强化一网通办，打造利企便民的政务服务

打造高效便捷的政务服务体系是数字政府建设的重要内容，要从提高政府公共服务供给水平的层面出发，以公众需求为导向，

深化“互联网＋政务服务”改革，推进“一网通办”，不断优化平台功能，提升服务质量。一是推进一体化在线政务服务平台建设。强化政务服务网络硬件体系建设，搭建五级覆盖的政务服务平台，全面实现“网络通、数据通、业务通”。打通地方、部门自建业务系统及垂直业务系统，面向全省提供统一政务服务门户、事项管理、身份认证、电子印章、电子证照、数据共享等公共支撑服务，全面实现企业群众办事“只进一网、认证一次、全省通办并最多跑一次”。湖北省已建成以一个门户（湖北政务服务网）、一个系统（政务服务事项管理系统）、三个支撑（统一身份认证平台、统一电子证照平台、政务信息资源共享平台）为主体的全省一体化在线政务服务平台，实现省、市、县一体化在线政务服务平台与国家平台对接、双向互认。二是实行线上线下融合的一窗受理。建立事项动态调整机制，最大限度统一事项要素，建设全省“一窗通办”统一受理平台，建立“一人一档、一企一档”，推进政务服务中心与一体化在线服务平台深度融合，形成线上线下功能互补、合一通办的政务服务模式，实时同源发布网上申报、预约叫号、事项受理、审批（审查）结果、服务评价等信息。湖北实现了政务服务事项“三级49同”，开发应用12345政务服务网热线应急平台、政务服务“好差评”系统，畅通群众咨询投诉渠道，提升群众参与度。三是推进政务服务“一事联办”。围绕业务量大、受众面广、民生关注的高频事项，以企业和群众办好“一件事”为导向，对涉及多个部门、多个办理环节的业务，进行流程再造、环节精简，变“一事项一流程”为“一件事一流程”，最大限度精简审批环节、压缩审批时限。湖北出台《湖北省“一窗通办、一事联办”工作指南》，推动实现同一事项无差别受理、办理流程和评价标准统一。

## （四）强化一体融合，推进共建共享的协同办公

政务协同办公平台，是实现日常运转与业务办理“一体融合”，打造集约、高效、移动、安全的政务协同办公新模式的重要举措。协同平台是全省公职人员的统一工作入口，整合了政务专属通讯录、工作台、智能会议、移动办公等诸多功能，实现工作、任务、事项的发起和待办处理，以及信息、数据、资讯的查看，解决以往纸质文件传阅效率低、周期长、易出错等弊端。湖北协同平台先期实现7+3功能，即营商环境、长江大保护、重大项目智慧应用、河湖长制、互联网＋监管、互联网＋督查、政务债券使用监管7个应用，以及办文、办会、办事基础功能。同时，围绕行政机关办公等共性应用一体化推进业务建设，切实转变政府职能和加强政府治理，提升“数字政府”整体效能。

## （五）强化应用开发，深化精准有效的数据治理

未来更高阶的数字政府将基于数据决策和数据治理，要构建“用数据说话、用数据决策、用数据管理、用数据创新”的管理机制，健全大数据辅助科学决策和社会治理的机制，推动社会治理体系和治理能力现代化。一方面，细化场景应用，拓展数据服务深度广度。场景应用是未来数字政府建设的着力点。要结合政务服务、市场监管、精准扶贫、长江大保护、污染防治等专题场景，构建政务大数据仓库，为政府数据治理和服务打下坚实基础。如在市场监管领域，“互联网＋监管”有助于形成规范统一、协同联动的监管体系，实现对监管对象的全覆盖、监管过程的全记录，发挥监管大数据在行政执法监管、风险预警、分析评价等领域的作用。在精准扶贫领域，扶贫领域监管大数据平台对建档立卡贫困人口实现全覆盖，可对扶贫领域精准画像，及时全面地掌握扶

贫对象生产、生活情况以及扶贫项目运作落地、资金使用等详细情况，精准识别、发现问题线索并提交给相关部门，目前已初步发现问题线索数十万条。另一方面，深化数据应用，加强数据治理体系建设。深度开发便民应用，更好地发挥大数据在辅助决策施政、感知社会态势、畅通沟通渠道、方便群众办事等方面的积极作用，让政府部门在决策和治理中能够“心中有数”。例如开发应用“长江大保护数字化治理智慧平台”，汇集相关感知、统计、分析等数据，进行挖掘关联、智能研判，可以促进长江流域经济布局、人口分布和资源环境的空间均衡与协调，为协同治理提供科学依据。再如，开发应用河湖治理智慧平台，借助“一张图”，辅助河流湖泊生态环境保护工作有序推进。

## 三、推进数字政府建设的路径思考

数字政府建设是大势所趋，群众所盼。《2019 数字中国指数报告》指出，数字政务和营商环境之间存在强相关性。通过对比发现，2018 年数字政务指数每增加 1 个点，营商环境能改善 0.02 个点，GDP 也呈现相应的正相关性。推进数字政府建设，要抢抓信息革命机遇构筑新优势，积极探索数字政府建设有效路径。

### （一）优化移动服务，让群众办事像网购一样方便

当前，移动政务服务是数字政府建设的重中之重，将成为政务服务主阵地、主战场。全国已上线 31 个省级政务服务移动端，广东的“粤省事”、浙江的“浙里办”等平台，已推动全国政务办理进入“指尖时代”“掌上时代”。要推进政务服务移动化，实现查询服务全覆盖、高频事项全可办、互动交流全方位、数据分析

全维度，真正做到“办事不出门，随时随地办”，让群众办事像网购一样方便。一是明确建设模式。采取自主建设和引入先进技术相结合的模式，联合国内先进企业共同建设。二是打通技术路径。根据各地应用整合、群众需求、业务发展等客观形势，科学选择客户端、服务端的开发设计模式。三是强化数据共享。加快大数据能力平台、政务云平台建设，推动各地各部门业务系统互联互通，实现区域内政务信息资源实时、多样、全量归集。四是聚焦高频便民事项。把覆盖范围广、群众关注度高的高频便民事项作为重点，率先接入政务服务移动端。五是建设地市旗舰店及服务专区。鼓励各地各部门建设旗舰店，开通服务专区，接入特色服务事项。

## （二）提前谋划设计，把握数字政府建设重点

提升数字化治理能效，要关注以下重点：一是夯实基础是根本。推进政务服务事项梳理标准化、颗粒化，坚持一个平台对外提供服务，统一数据标准，提升数据质量，强化应用安全、数据安全和运维安全建设。二是提升体验是关键。要优化一体化在线政务服务平台功能，实现快捷登录、统一支付、统一认证等，最大限度地方便群众办事。三是创新服务是方向。要变被动服务为主动服务，变线下为线上、掌上，变“大水漫灌”为“精准滴灌”。建立用户专属空间，自动匹配、提醒、推送服务。四是扩大影响是重点。要借助互联网渠道运营推广，加强用户互动，推动线上线下融合。树立“流量思维”，强化数据分析，掌握用户需求，改进服务质量。五是安全运维是保障。要坚持数据安全和系统建设“同规划、同建设、同运行、同监督”，建立数据安全规范体系和监督机制，保障网络安全、数据安全、政务安全、用户安全。

### （三）强化人才支撑，夯实数字政府智力基础

打造一支具备数字化素养的人才队伍是政府数字化转型的关键。一是重点培养。加快数字人才建设，培养塑造全省公务员的“信息素养”，强化数据思维与数据决策理念。大力引进既懂信息化知识又懂政务工作的复合型人才。二是完善机制。建立信息化人才管理机制，统筹管理编制、人事、职称、考核、奖惩等环节。三是培训提能。开展以云计算、大数据、信息安全、数字政府等为主题的人才培训活动，构建综合、专业、有效的培训提能体系。四是鼓励创新。完善容错免责机制，鼓励大胆创新，先行先试，继续推动一批堵点、难点问题解决和跨部门跨层级跨地区改革的持续深化。

政府数字化转型是一场政府治理的深刻革命，需要坚决落实发展战略，探索创新技术支撑，凝聚政府、企业和其他社会力量，强化顶层设计和政策配套，转变治理理念，找准技术路径，分步实施，不断提升数字政府建设质量。

（作者系湖北省政务管理办公室党组成员、副主任）

# 构建推进浙江共同富裕的体制机制*

胡豹

共同富裕是社会主义的本质特征，是中国共产党带领人民群众追求的基本目标，也是人民群众的共同期盼。“扎实推动共同富裕”是党在完成第一个百年奋斗目标、开启全面建设社会主义现代化国家新征程、向第二个百年奋斗目标进军之际作出的重大战略延展和庄严承诺。国家“十四五”规划纲要中明确，支持浙江高质量发展建设共同富裕示范区。改革开放以来，浙江省在促进共同富裕上进行了大量探索，并取得了显著成效。1997 年率先消灭贫困县；2002 年率先消灭贫困乡镇；2015 年率先消除家庭人均年收入 4600 元以下绝对贫困；2020 年，浙江实现“两不愁三保障”突出问题、年家庭人均收入 8000 元以下情况、集体经济薄弱村“三个清零”，最低生活保障标准提高到城乡同标 886 元，全省居民人均可支配收入首次踏上“5 万元”台阶，其中城镇居民收入和农村居民收入分别连续 20 年和 36 年居各省（区）之首，城乡居民收入比降至 1.96 : 1，是全国城乡差距最小的省份。但浙江发展不平衡不充分问题仍然突出，城乡区域发展和收入分配差距较大，促进共同富裕的重点仍然在农村，难点还是在农民。特别是全省正在奋力打造展示社会主义制度优越性“重要窗口”，争创农业农村现代化先行省，必须把促进共同富裕摆在更加突出的位置，

* 选自《浙江经济》2021 年第 5 期。

努力在推进共同富裕的体制机制创新上下功夫，率先探索出系统化体制机制和政策体系，为共同富裕示范区建设提供体制机制和政策保障。

## 构建共同富裕的组织领导体制机制

扎实推动共同富裕和建设共同富裕示范区，在着力发挥好有效市场作用的同时，需要更好地发挥有为政府的作用。一是建立推进共同富裕的组织领导体制。围绕共同富裕示范区建设，全面加强组织领导，强化顶层设计，坚持一届接着一届干，建议成立由党委政府主要领导任组长，各相关职能部门主要领导为成员的省、市、县（市、区）、镇（乡、街）四级共同富裕示范区建设工作领导小组，强化系统全局谋划，强化工作专班运作，全面落实主体责任，有效整合资源力量，推动政策举措落地。二是建立共同富裕综合评估与评价机制。按照可量化、可测算、可评估的原则要求，加快探索构建共同富裕的评价指标体系，以及分阶段修订调整指标机制，聚焦推进经济建设、城乡融合、区域均衡、收入水平、民生福祉、精神文化、绿色赋能、整体智治等方面，设置专项化、年际化、区域化、系列化的指标，精准评价各地推进共同富裕的进展和水平。三是建立绩效考核与责任奖惩机制。建立推进共同富裕的常态化绩效考核机制、督导考核机制与政绩考核体系，严格兑现奖惩措施。

## 构建城乡畅通的要素配置体制机制

着力发挥和有效激活各类要素对推进共同富裕的重要支撑作

用，增强土地、人才、科技、资金等要素新动能作用。一是深入推进农村“三块地”制度改革。按照增加农民财产性收入的目标导向，进一步完善农村承包地和宅基地“三权分置”制度，全面放活土地经营权，积极放活宅基地和农民房屋使用权。扎实推进农村集体经营性建设用地就地入市或异地调整入市，支持村集体在农民自愿前提下，依法把有偿收回的闲置宅基地、废弃的集体公益性建设用地转变为集体经营性建设用地入市。完善农村土地征收制度，规范征地程序，维护被征地农民收入权益。二是建立科技服务人才和创业创新人才下乡激励机制。创新农村科技资源引入机制，推动科技要素融入农村农业。鼓励科技人员以技术等折算入股农民合作社，构建以农民合作社为载体的科技推广体系。建立人才下乡共赢共享机制，发展壮大农村专业人才。三是构建金融要素供给侧改革助力资本进乡村机制。深化“三位一体”农合联改革，建立健全以农民合作基金为依托、资产经营公司为引领、农合联会员和村社组织为主体的新型合作经济发展机制，促进农民群众和村社组织普遍持股。

## 构建全域美丽的绿色赋能体制机制

深入贯彻习近平生态文明思想，探索生态产品价值转换机制，推动美丽乡村建设向美丽经济发展转变，拓宽农民增收致富渠道。一是完善全域美丽的乡村建设行动机制。树立绿色发展的价值取向和绿色财富观，全面建立和推行美丽庭院、美丽乡村、美丽城镇建设标准，加大全域美丽建设的力度。二是建立田园美丽的农业绿色发展机制。全力推进农业农村领域节能减排，逐步调整农业产业结构，突出农业生态功能，建立完善农业生产碳排放管控机制，开展低碳农业园区建设。建立农业生态补偿机制，推动农业产业向生态功能型方向发展，探索对种植水稻等纯农业村集体进行生态补偿。三是建立生态产品价值转换机制。聚焦山区农民增收发展，在重点生态功能区，建立森林生态效益补偿制度和生态产品价值实现机制，完善绿色发展奖补和生态补偿机制，在拓宽绿色发展转化和赋能上提供更多浙江方案。

## 构建区域协调的山海协作体制机制

围绕在发展不平衡不充分问题上率先突破的战略要求，持续缩小区域发展差距。一是创新山区 26 县跨越式高质量发展体制。健全财政优先保障机制，在基础设施建设、公共服务提升、建设用地指标上给予更多的资源倾斜，切实增强山区 26 县内生发展能力。突出山区生态屏障功能，探索构建常态化 GEP 核算应用体系，增强 26 县绿色发展动能。实施“小县大城”战略，规范有序推进扶贫异地搬迁，提升 26 县的新型城镇化水平与城镇的发展带动能力。二是建立新时代山海协作升级版新机制。全面对接和接轨“四大建设”，推动沿海发达地区产业、资金、技术、人才、服务等向山区梯度转移，协作内容从传统产业梯度转移向创新成果转化落地转变，打造山海协作工程升级版。推动人才智力合作，大力推进政府引导、企业参与、优势互补、园区共建、利益共享的“飞地经济”合作。三是建立城乡规划建设“一体化和市场化”机制。统筹布局城乡道路、供水、供电、信息、垃圾污水处理等设施建设一体化，实行城乡基础设施统一管护运行模式，以政府购买服务引入专业化企业，提高管护市场化程度，健全有利于基础设施长期发挥效益的体制机制。

## 构建农民收入的均衡增长体制机制

从解决“两不愁三保障”向“一张幸福清单”集成标准化迭代升级，全面缩小收入差距。一是完善工资性、经营性、财产性、转移性四大收入稳步增长机制。完善城乡统一的劳动力市场，不断提高工资性收入在居民收入中的占比。支持龙头企业与农民共建产业化联合体，让农民分享加工销售环节收益。完善企业与农民利益联结机制，促进小农户和现代农业发展有机衔接。深化农村集体产权制度改革，将农村集体资产所有权确权到集体经济组织成员，推动资源变资产、资金变股金、农民变股东。二是创新构建充分就业创业的机制。着力完善城乡居民平等就业和充分就业制度，重点关注低收入家庭的充分就业，单列考核指标。加快建立新生代农民工职业技能培训制度，提升就业的针对性和有效性。三是健全低收入农户人群保障机制。推进低收入农户同步基本实现现代化，稳步提高农村低保标准，开展城乡低收入群体“飞地抱团”，多种途径提高低收入人群收入水平。探索采用生产奖补、劳务补助、以工代赈等机制，推动低收入人群通过辛勤劳动和政府帮扶尽快致富，加快缩小与其他人群的收入差距。

## 构建同标同质的福祉增进体制机制

把县域作为推进共同富裕示范区建设的主平台主阵地，加快城乡基础设施同规同网、城乡基本公共服务同质同档，全面增进和有效提升农民民生福祉。一是建立完善“城乡教育共同体”教育资源均衡配置机制。以城乡教育共同体为重要载体，全面建立以城带乡、整体推进、均衡发展的义务教育发展机制，推动城市教师定期服务乡村，巩固义务教育学校教师“县管校聘”成果，推动优质教育资源城乡共享。二是建立健全“城乡医共体模式”镇村医疗卫生服务机制。以城乡医共体模式为重要载体，加大医疗服务资源向乡村倾斜覆盖，建立和完善支持镇村医疗服务的政策制度，改善镇卫生院和村卫生室条件，加强镇村医疗卫生人才队伍建设。三是探索建立“农民变市民”农民退休养老制度。立足城乡一体化社会保障，在全国率先探索建立农民退休制度。探索“带权进城”和“农民变市民”的制度供给，把推行农民退休养老保障制度作为高质量发展建设共同富裕示范区的显著标志和窗口标识。

## 构建文化高地的传承创新体制机制

围绕农民富裕富足和“富口袋”与“富脑袋”的要求，扎实推动乡村优秀传统文化创造性转化、创新性发展，以乡村文化的高质量发展促进共同富裕。一是建立乡村优秀传统文化传承机制。强化对农业遗迹、传统村落、农耕文化、非遗文化、文物古迹、传统建筑、民族特色村落等遗迹遗产的保护传承，活化丝绸之路、陶瓷之路、诗画之路等精品文化。推动非物质文化遗产活态传承，发挥风俗习惯、村规民约等优秀传统文化基因在促进共同富裕中的重要作用。二是健全公共文化设施均衡配置机制。建立政府购买公共文化服务机制，推动公共文化资源配置重点向乡村倾斜，提高乡村文化资源的覆盖面和适用性。建立群众文化需求反馈机制，健全乡村公共文化设施网络，创新公共文化服务参与式管理模式，建立企业参与乡村文化规划建设和居民参与公共文化管理监督的引导机制。三是建立文化下乡和文化结对机制。推进新时代文化下乡和乡村种文化，推动城市社区结对农村村庄，城市单位结对乡村组织，引导文化工作者和志愿服务者等投身乡村文化建设。建立城乡文化融合发展供给机制和乡村网络文化建设机制，引导文化工作者创作乡村题材的优质文化作品和优秀网络文化作品。

## 构建党建统领的整体智治体制机制

坚持党对共同富裕示范区建设的全面领导，谋划农业农村领域建设共同富裕示范区的目标体系、工作体系、政策体系和评价体系。一是建立“四治融合”的乡村现代治理机制。深入推进自治、法治、德治、智治，构建党建统领、“四治融合”的城乡基层治理体系。建立打破时空的乡村治理机制，健全组织领导、要素保障、政策支持、对接帮扶、考核指导等工作机制。二是建立“数字赋能”的乡村整体智治机制。强化数字化改革引领，推进“三农”新基建，打造新时代未来乡村新标杆，以激发数据生产要素促进共富乡村治理的数字化、智慧化水平。

（作者系浙江省政府咨询委委员、浙江省农业科学院研究员）

# 以人民为中心工作导向的全媒体新闻发布
## ——以 2020 年抗疫新闻发布工作为例*

董关鹏

## 一、回顾：2020 年抗疫全媒体新闻发布的重要特点

我国新闻发布制度从 1983 年诞生至今，经历了一个不断完善和发展的过程。在新冠肺炎疫情这一重大公共卫生事件的处置中，落实好新闻发布这项重要制度，做到发布好、解读好、回应好、引导好，对各级党委、政府来说是一次严峻挑战。

### （一）坚持以人民为中心

习近平总书记指出，党的宣传工作要树立以人民为中心的工作导向。2020 年的各级新闻发布工作充分做到了坚持以民为本、以人为本，群众真正的需求在哪里，党政部门的工作重点就在哪里，新闻发布的焦点就在哪里。围绕人民群众最关心的医疗卫生保障、交通防疫防控、教育防疫防控、社区村居防疫防控、科技战疫等主题举办新闻发布会，同时在会前、会中、会后利用全媒

* 节选自《对外传播》2021 年第 1 期，原题为《全球传播中的全媒体新闻发布：回顾与展望——以 2020 年抗疫新闻发布工作为例》。

体平台做好传播，第一时间通报疫情防控的最新进展和措施成效，充分释放权威信息，及时回应公众关切，有效稳定市场秩序和社会情绪，从而稳定了民心、增强了信心、聚集了人心。在此次疫情中湖北省的新闻发布开始最早、持续最久，湖北新闻发布与英雄的湖北人民一同坚守阵地，信息公开、新闻发布、联防联控等机制在抗疫过程中不断完善。

### （二）新闻发布贯穿抗疫全过程

抗疫期间，官方全媒体新闻发布成为全民了解疫情发展的最重要窗口和通道。根据《抗击新冠肺炎疫情的中国行动》白皮书统计，截至 2020 年 5 月 31 日，国务院联防联控机制、国务院新闻办公室共举行新闻发布会 161 场，邀请 50 多个部门 490 余人次出席发布会，回答中外媒体 1400 多个提问；湖北省举行 103 场新闻发布会，其他省份共举行 1050 场新闻发布会。国家卫健委全年共组织协调新闻发布活动 180 次，共有 15 个司局、458 位相关负责人及专家走进发布厅。组织并主持国务院联防联控机制新闻发布会 126 场，外交部、商务部、科技部等有关负责人先后走上发布台，积极回应群众关切。哪里有疫情，哪里就有政府新闻发布会。北京抗疫发布坚持“信息不过夜”原则，及时、准确、滚动发布，不给谣言滋生留一丝余地。事实证明，公开、及时的权威信息是消除疑虑的定心丸，也是稳定人心的减压阀，更是全民抗疫的助力器。

### （三）“国字号”新闻发布会开到抗疫前线

武汉疫情最严重时，国务院新闻办把发布会直接开到了武汉，把最新最前沿的情况精准传递给全国和全世界。疫情期间，各级新闻发布坚持不断线，专家科普不停止，电视台24小时滚动播出，全媒体传播开足马力，利用一切可以发动的渠道和平台，及时主动向社会公布抗疫重要信息。全国400多名新闻工作者主动请缨奔赴武汉，与当地媒体并肩作战，在完成对官方核心发布会精准报道的同时，数千次深入“红区”采访，精心制作大量新闻作品，收集报送民生诉求，把全媒体新闻发布的“全”字做到了极致。

### （四）5G全媒体立体发布模式成为常态

2020年的新闻发布实践，突破了传统新闻发布线下会议形式，通过对5G全新技术的充分应用，实现了线上线下全面结合。通过各级主流媒体及部分境外媒体的系列网站、社交媒体、移动客户端等平台对官方权威发布会进行实时直播，在信息芜杂的疫情舆论场上放大音量，叠加频次，强调官方发布的权威信息。新闻发布会前，通过“多微多端”进行议题预先铺垫式发布，既做好科普又提前辟谣，为重头的主新闻发布会提前扫除公众在情绪和认知方面的多重障碍。每日定时召开的新闻发布会则安排各级和境外媒体参会报道和全程直播，发布会后，组织各主流权威媒体通过短视频、图文、动漫和互动游戏等进行立体全方位的移动终端传播，发布会发布的权威内容频繁登上各社交媒体的热搜榜和话题榜。

### （五）人民群众多次走上官方发布台

在抗疫新闻发布中，人民群众走上官方发布台成为重要的亮点之一。2020年2月下旬开始，来自武汉的医生、护士、民警、快递员和“90后”志愿者等相继走上国新办在武汉召开的新闻发布会，他们的故事得到传播与理解，感动了中国和世界。之后，各级新闻发布会邀请更多普通人走上发布台，讲述人民抗疫最真实的故事。这反映出我国新闻发布又一长足进步，即由高大、严肃的官方单向发布，转为更加亲民、务实的双向互动。人民群众参加各级新闻发布会，让英雄的武汉人民和他们的故事传遍世界，从更加细微的民生视角切入，用更易引起共鸣的群众视角讲述，让各方更快实现“知识成为常识、事实成为共识”。

### （六）以开放、阳光的思路做好全球传播

针对国际社会高度关注的湖北和武汉疫情形势及防控工作，官方新闻发布通过多种形式主动向国际媒体和公众“喂料”。2020年2月至3月，多次从抗疫一线精心挑选可用英语流畅表达的国家级医疗专家，召开全英文新闻发布会和在线集体采访，得到了境外记者欢迎和受众肯定。通过5G技术，先后安排来自日本、韩国、美国、俄罗斯、巴基斯坦和阿联酋等国家的媒体和港澳媒体通过实时视频向武汉发布会现场发言人直接提问。还安排钟南山、张定宇、王延轶等专家就抗疫情况、病人救治和病毒溯源研究等先后接受路透社和美国全国广播公司等外媒采访。通过新华社、总台央视、中国国际电视台、《中国日报》《环球时报》以及“侠客岛”等媒体平台在全球舆论场密集发声，有效对冲部分西方政客的负面舆论。外交部的新闻发布，坚守国家利益阵地，有理、有节、有据，有进攻有防守，有事实有说理，担当到位、金句频出，成为近年来新闻发布最大的亮点。

## 二、点评：5G时代新闻发布的“变”与“不变”

5G时代的来临，既是新闻发布工作的重大机遇，也是严峻挑战。面对新情况、新特点、新趋势、新挑战，必须巩固已有成绩，增强责任感和紧迫感，不断抢占新平台，实施新战略，完成新配置。

### （一）5G舆论之“变”：四个新特点

1. 万物互联，移动为王。未来，传播载体将从大屏变小屏、从小屏到无屏。传统媒体的受众趋于老龄化，用于移动互联的手机、平板电脑等才是5G到达不同年龄受众群的集大成载体。因此，移动互联新媒体是2020年全球传播新闻发布的核心阵地和主战场。

2. 速度更快，效率更高。5G时代信息传播速度提升了10倍至50倍。由于发声门槛低，人人可以成为信息发布者与传播者。一张图、一组数据、一段视频在几小时内就有可能形成爆发式传播。只要官方回应缓慢，就有可能造成对党和政府公信力的负面影响，且短时间内难以清除。因此，第一时间快速反应、回应关切，成为应急新闻发布的最基本要求。

3. 海量信息，“垃圾围城”。3G、4G时代已经历过垃圾信息瞬间泛滥造成“围城”，假科普、真广告与正确的信息混杂，让人难以明辨。5G时代的信息垃圾规模极有可能更大，必须做好充分准备，更大力度做好全时科普、平战结合，更及时地辟谣，不给垃圾信息泛滥成灾的机会。

4. 视频主导，实时呈现。5G时代，视频已然成为传播的主导形式。新闻工作者不但要成为文字高手、图片专家，还应掌握视频、直播等的传播特点。例如，视频传播将提供更多现场信息量，公众对其中一些细节更加关注，诸如口罩着装、体态表情、语音语调等方面的瑕疵都可能被放大、炒作，甚至被声讨。

### （二）三个“真”：应对 5G 之变

坚持以人民为中心，就要坚持用公开、透明、及时、准确的原则指导全媒体抗疫新闻发布工作。2020 年各级官方新闻发布中所体现出来的三个“真”字，成为应对 5G 之变的最好实践。

1. 真情——对人民真的好。群众关注的，就是需要主动发声的。群众疑惑的，就是需要全力阐释的。从通报最新疫情、解读政策措施，到第一时间回应社会热点问题，再到进行科普宣传、提醒做好防疫防护……主发布会和前后全媒体配套发布的服务性和社会功能得到了很好体现。在新冠肺炎疫情面前，把“对人民真的好”做到位，就是最好的全球传播。疫情防控新闻发布在全球舆论场中不断赢得关注、改变成见，汇聚和团结更多客观评价中国的有识之士。

2. 真相——对世界真负责。疫情发生后，中国第一时间向世界卫生组织、有关国家和地区组织主动通报疫情信息，分享新冠病毒全基因组序列信息，并定期向世界卫生组织和有关国家通报疫情进展。国新办在武汉多次举行英文发布会，通过各国媒体的见证和传播，及时向国际社会通报抗疫情况，毫无保留交流防控经验，为全球防疫抗疫提供了不可替代的强有力支持。

3. 真理——把科学讲得透。数百场官方发布会不仅做到权威、专业，也实现了通俗、易懂、到位。从中央到地方，普遍发挥了专家作用。发布会前召开的研判与策划会，充分发挥卫生健康 + 社会科学的专家智囊作用。新闻发布专家还专门随行中央指导组去到武汉，深度参与全媒体新闻发布的全流程，确保每场发布会及后续传播都权威专业、通俗易懂、易于传播。钟南山、张文宏、吴尊友等顶级专家多次出席各级联防联控新闻发布会、座谈会及其他全媒体创新发布实践，在他们的回应与解读中，从“硬核”喊话到金句刷屏，全面、权威、系统地向境内外媒体与公众传递了疫情防控的最新情况。

## （三）三个经验：5G 应急发布的真经验

1. 直面问题。2020 年应急发布中，各级新闻发布主体单位全面、准确地做好舆情收集和研判的工作，及时形成公众关心或困惑的问题清单。“直面”就是根据这样的清单，逐一安排和准备全媒体新闻发布内容。正所谓“有话则长回应、无话则短回应”，一定不能不回应。对待民众集中质疑和关切的问题更不能听而不闻或躲躲闪闪。新闻发布必须做到既发布官方想说的重点、要点和注意点，又契合公众关切，不断满足公众的信息需求。如针对家长普遍关心的学生复学计划，上海市政府新闻办于 4 月 9 日邀请市教委主要负责同志出席新闻发布会，发布会预告海报一经推出，便在朋友圈和微信群引发刷屏传播。因话题热、关注度高、覆盖面广，这场发布会被网友称为“沪上规模最大家长会”。山东也多次聚焦重点问题进行抗疫发布，频次多、层次高，取得了良好发布效果。

2. 充分准备。新闻发布时效性很强，尤其是重大突发事件，往往准备时间极少，对政府应急处置能力是极大考验。近年来，各级党政主体普遍制定专项的突发事件及社会敏感事件信息发布工作方案，为做好突发事件信息发布提供了制度保障。对群众长期关注的热点、难点问题，对有代表性、可能引发舆情的问题提前准备，建设好以事实为依据、法律为准绳的“口径库”，应急新闻发布才会因“库存丰富”而从容不迫。与此同时，相关领导干部要拿出充分时间准备聚光灯下的发布口径，事实数字务求准确，字里行间要带着敬畏、温暖和真情。

3. 坦诚沟通。抗疫发布中，各级发布者普遍做到了把“我们最想讲”和“群众最想听”的内容结合起来，把宣传需求、媒体需求和群众需求结合起来，避免新闻发布自说自话。如 2020 年 1 月底，随着外地输入性病例增多，网上出现了关于上海“封城”的声音。上海发布会坦诚回应外媒记者相关提问，澄清“封城”是误解，并详述上海已经落实的“三个全覆盖”“三个一律”等措施。

## （四）三把“板斧”：全球传播中辟谣的有力抓手

1. 权威发布“时间轴”。面对一些西方政客及其党羽的污蔑，中国通过持续不断召开新闻发布会、发布《中国抗疫纪事》和《抗击新冠肺炎疫情的中国行动》白皮书等发出海量信息，清晰呈现中国抗疫时间线。梳理并公布“时间轴”有效反击了谣言，中国和世卫组织相继通过发布抗疫纪事，使蓬佩奥等政客对中国的多次污蔑因与时间链条严重不符而“破产”。

2. 科学构建“逻辑塔”。面对部分西方国家的无端指责，中国外交部新闻发言人多次在新闻发布会上和联合国大会上予以驳斥和反击。比如，中国是首先向世卫组织报告新冠肺炎疫情的国家，但不代表新冠病毒来自武汉。再如即使医疗技术最好的医院在西方居多，但西方国家感染和病亡的人数不一定比发展中国家少等。“应收尽收、应治尽治、应检尽检”“阻隔和救治相结合”“重症和轻症分开”等“逻辑塔”在发布中得到反复强调，在全球理性受众中获得持续共鸣和认可。

3. 严谨提供“证据链”。从发布会、白皮书，到中国抗疫纪录片，都坚持了证据说话、实事求是的原则。境外媒体获得了与关键专家、热点部门和焦点单位互动的机会。以中科院武汉病毒研究所为例，前往采访的路透社和美国全国广播公司等资深媒体人都在采访中获得了严谨、翔实且远超过他们预期数量的证据分享，且几乎都是形成闭环的证据链。这样的实践既是相关单位的经验，也包含着新闻发布应该始终坚持的科学精神。

## 三、结语

健全、发展和创新全媒体新闻发布制度、提高新闻发布水平，对于推进国家治理体系和治理能力现代化、塑造国家形象、传播中国声音、讲好中国故事有着重要意义。只有坚守人民立场，坚持守正创新，推动媒体融合，应势而上、主动作为，才能提高中国的传播力、引导力、影响力和公信力，从而成功地育先机、开新局，让人民满意、让世界理解。

（作者系中国公共关系协会副会长，中国传媒大学教授、博士生导师，国家公共关系与战略传播研究院院长）

# 七、红色遗址

# 《为人民服务》讲话纪念广场

◇《为人民服务》讲话纪念广场

《为人民服务》讲话纪念广场于2007年6月29日正式落成。

《为人民服务》讲话纪念广场是全国爱国主义教育示范基地“一号工程”延安基地建设项目的重要组成部分，位于枣园革命旧址西北侧，是毛泽东同志1944年9月8日为纪念张思德而发表《为人民服务》讲话的原址。广场占地面积1980平方米。主要包括广场正面的张思德花岗岩雕像、张思德的故事和《为人民服务》讲话全文浮雕墙、山体上“为人民服务”金属艺术字、张思德烧木炭窑址场景复原。其中张思德花岗岩雕像高6米，重60吨，象征着张思德全心全意为人民服务的精神永留群众心中。

《为人民服务》讲话纪念广场落成是延安市爱国主义教育示范基地“一号工程”建设中的重要内容。广场的建设落成，对于进一步保护、管理和利用好革命旧址、革命文物，加强革命传统教育，推进干部作风建设，具有十分重要的意义。

# 雷锋纪念馆

抚顺市雷锋纪念馆位于辽宁省抚顺市望花区雷锋路东段61号，原雷锋生前所在部队驻地附近，占地面积99900平方米，始建于1964年，1965年8月开馆。1969年、1992年、2002年、2014年先后进行了四次改扩建。新馆于2015年3月2日正式开放。开放后的新馆分为两层，一层采用高科技动态场景与艺术品插画等

◇抚顺市雷锋纪念馆俯瞰

手段相结合，翔实、生动地再现雷锋的成长历程和新形势下雷锋精神的五方面内涵。二层权威的展示全国学雷锋活动的源起和发展脉络以及全国学雷锋活动成果。馆藏丰富，展出雷锋大量生平

◇雷锋纪念碑

史料，亮点突出，主要亮点有：组合场景《雷锋与母亲诀别于家中》《爱岗敬业的推土机手》《雷锋在军营中学毛选》《雷锋作报告》，环幕影片《信仰的力量》，尾声《升腾的支点》等。雷锋纪念馆按功能划分为6个区：展览区、凭吊区、碑苑区、雕塑区、青少年教育活动区和综合服务区。园区内主要有雷锋事迹陈列馆、雷锋墓、雷锋塑像、雷锋纪念碑和青少年教育活动设施等。50多年来，抚顺市雷锋纪念馆共接待国内外观众7000多万人次，并先后在全国70多个城市举办了《雷锋精神永恒》大型展览，产生了重要影响。

2018年9月28日，习近平总书记参观抚顺市雷锋纪念馆，并发表重要讲话。习近平总书记强调，雷锋是时代的楷模，雷锋精神是永恒的。实现中华民族伟大复兴，需要更多时代楷模。我们既要学习雷锋的精神，也要学习雷锋的做法，把崇高理想信念和道德品质追求转化为具体行动，体现在平凡的工作生活中，作出自己应有的贡献，把雷锋精神代代传承下去。

抚顺市雷锋纪念馆是全国传播雷锋事迹、弘扬雷锋精神的主阵地，是抚顺市乃至辽宁省的重要窗口单位。先后被命名为全国重点烈士纪念建筑物保护单位、全国爱国主义教育示范基地、国家AAAA级旅游景区、全国文明单位、国家国防教育示范基地、全国廉政教育基地、全国民政系统行风建设示范单位、全国重点文物保护单位、全国红色旅游经典景区、全国中小学生研学实践教育基地、全国关心下一代党史国史教育基地、港澳青少年游学基地、全国学雷锋活动示范点等。

抚顺市雷锋纪念馆始终致力于雷锋精神的研究、展示和宣传，成为培育社会主义核心价值观，有力提升社会主义思想道德建设水平的重要基地。

# 焦裕禄纪念园

兰考县焦裕禄纪念园。位于河南省兰考县城中心原黄河故堤沙丘上，始建于1966年2月，占地面积91.7亩，由革命烈士纪念碑、焦裕禄烈士墓、焦裕禄同志纪念馆和焦裕禄纪念林组成。

革命烈士纪念碑位于纪念园南部的中心部位，1993年5月建成，碑高19.64米（寓意纪念焦裕禄同志1964年逝世），碑体正面镌刻着毛主席手体“革命烈士永垂不朽”，碑座四面刻有“访贫问苦”“查三害”“解放兰考”和“碑记”，该碑图文并茂地诠释了焦裕禄同志在兰考工作的经历。

焦裕禄烈士墓碑位于纪念碑北侧墓区最高处，由大理石雕砌而成。碑高2.75米，正面镌刻“焦裕禄烈士之墓”，碑阴为烈士生平简介，墓盖由汉白玉外镶，墓后屏风墙纪念壁上，镶嵌着毛主席题词“为人民而死，虽死犹荣”。墓区广场2100平方米，平整开阔；墓前两侧竖立了两座题词牌，分别刻有董必武、郭沫若撰写的长诗。

焦裕禄同志纪念馆位于墓区西侧，为现代化新式建筑，1994年4月建成，建筑面积2100平方米。馆正面三层，大门正上方镶嵌着江泽民亲笔题写的馆名。纪念馆正门前矗立着焦裕禄事迹雕塑。该雕塑2010年8月16日（焦裕禄诞辰88周年纪念日）落成，雕塑的制作到完成，历时15个月。雕塑净高3.6米，加上基座近4.2米，重达4吨。雕塑反映了焦裕禄在兰考心系百姓、根治“三害”的革命精神。馆内分序厅、展览厅、贵宾室和放映厅等主要组成部分。序厅正面立焦裕禄半身铜像，两侧分别是焦裕禄当年带领广大人民战天斗地的劳动情景画面。展厅 1300 平方米，展出内容分前言、序篇、神州赤子、临危受命、执政为民、干部楷模、今日兰考五个部分。计版面、照片 300 余幅，遗物 90 余件，生动地展示了焦裕禄全心全意为人民服务，鞠躬尽瘁、死而后已的光辉一生。

◇焦裕禄同志纪念馆正门

焦裕禄纪念林位于焦裕禄纪念园东北 3 公里处的朱庄村，占地面积近 30 亩。纪念林中有一棵泡桐树是焦裕禄于 1963 年春亲手栽种的，并在树旁留影纪念。兰考人民为缅怀焦裕禄，亲切地称这棵泡桐树为“焦桐”。现“焦桐”胸围 3.7 米，树高 23.7 米，材积 10.3 立方米。40 多年来，“焦桐”生长茂盛，伟岸挺拔，已成为焦裕禄精神的象征。为了更好地宣传和弘扬焦裕禄精神，用“焦桐”的根培育出了“二代焦桐”。时任国家副主席习近平和中央组织部部长李源潮参观“焦桐”后，并亲手栽下了一棵“二代焦桐”，亲自培土、浇水，希望生生不息的焦裕禄精神在神州大地永远传承、永放光芒。此后，前来瞻仰焦裕禄的各级各单位领导，为了寄托情思、弘扬精神，在焦裕禄纪念林中种下了一棵棵“二代焦桐”。随着时间的推移，焦裕禄纪念林面积不断扩大，体现了人们对焦裕禄精神的崇敬之情，喻意着焦裕禄精神生生不息。

焦裕禄纪念园自兴建以来，一直受到党和国家领导人的亲切关怀和高度重视，习近平、胡锦涛、江泽民、温家宝等中央领导曾亲临纪念园视察，号召全党全国人民进一步弘扬焦裕禄精神。

焦裕禄纪念园在中央、省、市、县各级领导和社会各界的关怀和大力支持下，已建成相当规模和较为完善的纪念圣地。现在纪念园内松柏吐翠，桐花飘香，环境清幽，景色宜人，参观者络绎不绝，已成为全国党员干部和人民群众净化心灵、爱国主义教育的重要基地。

# 孔繁森同志纪念馆

孔繁森同志纪念馆是闻名全国的红色文化名胜，坐落在国家AAAA级旅游景点——山东聊城东昌湖风景区内，占地面积22400平方米。1995年7月4日经中共中央宣传部批准建馆，1995年9月10日开馆，江泽民题写馆名。

馆内设1个纪念厅和3个展览厅。纪念厅安放着孔繁森大型汉白玉半身塑像，塑像后红色屏风上镌刻着江泽民“向孔繁森同志学习”的题词。展览共分6个部分，展出图片270余幅，陈列包括国家一级文物在内的实物千余件，并配以专题录像片。第一部分“齐鲁赤子”，展示了孔繁森在山东生活、工作，从一个普通农民的儿子成长为一名党的领导干部的光辉历程；第二部分“汗洒雪域”，展示了孔繁森两次赴藏工作十年间，为西藏的建设和繁荣，恪尽职守、忘我拼搏、开拓进取、求真务实的精神风貌；第三部分“情系高原”，展示了孔繁森热爱人民、服务人民、为民解难、无私奉献的满腔热忱；第四部分“廉洁清正”，展示了孔繁森艰苦朴素、廉洁自律、一身正气、克己奉公的高贵品质；第五部分“深切怀念”，展示了孔繁森不幸殉职后，山东、西藏及全国各地群众深切悼念孔繁森的感人情景；第六部分“光耀神州”，展示了以江泽民为核心的党中央对孔繁森的高度评价，以及在党中央号召下，全国各地广泛开展学、宣传孔繁森活动的情况。集中展示了孔繁森同志从一个农民的儿子成长为一名党的领导干部楷模的光辉历程，让参观者感受到孔繁森伟大人格和精神力量带来的心灵震撼。纪念馆为全国各族干部群众广泛、深入、持久地开展向孔繁森同志学习，进行爱国主义、集体主义、社会主义教育、民族团结进步教育、廉洁勤政教育，提供了生动课堂，良好地发挥了教育基地的作用。

◇孔繁森同志纪念馆

孔繁森同志纪念馆开馆几年来，始终把宣传孔繁森事迹，展示孔繁森同志的优秀品德和崇高精神，作为对广大干部、群众进行爱国主义、集体主义和社会主义思想教育的重要内容，为全党和全国人民广泛、深入、持久地开展向孔繁森同志学习，加强爱国主义教育，促进廉政建设和民族团结提供了一个生动实际的课堂，充分发挥了教育基地的作用。据不完全统计，孔繁森同志纪念馆目前已接待来自全国20多个省市自治区的观众500余万人次，全国巡展历时近两年，观众近千万。目前，孔繁森同志纪念馆已成“全国爱国主义教育示范基地”“全国青少年教育基地”“全国党员干部教育基地”“全国民族团结进步教育基地”。

# 杨善洲事迹陈列馆

2011年10月23日，杨善洲事迹陈列馆建在善洲林场，位于云南省保山市施甸县姚关镇、酒房乡、旧城乡交界处，距县城45公里。根据省委的安排，杨善洲事迹陈列馆由省市县委组织部、宣传部联合组织实施。组织部门负责主体设施建设工程，宣传部门负责内部展览设计。杨善洲事迹陈列馆总占地面积780平方米，其中：交通面积380平方米，建筑面积400平方米。建筑面积中：正面一号展厅建筑面积200平方米，右侧二号展厅建筑面积100平方米，左侧放映厅建筑面积100平方米。房屋建筑为四合院式布局，屋顶、柱廊采用传统古建筑形式为主，结合周围一层连廊围合，屋面采用深灰色瓦，整个建筑群以白、灰色与木纹本色为主调，地坪标高由低到高，展示长廊层高2.7米，展厅及放映厅层高4.5米。该项目于2012年3月开工建设，2012年11月底完成。

杨善洲事迹陈列馆于2013年10月10日杨善洲同志逝世三周年之日开馆，共分三个厅，两个事迹展厅和一个放映厅。事迹厅共分为五个部分，第一部分是“坚守信念对党忠诚”。杨善洲一辈子按共产党人的觉悟办事，矢志不渝，义无反顾，以全部心血和生命践行入党誓言，用一生恪守人民公仆的精神高地。第二部分是“牢记宗旨一心为民”。杨善洲以一辈子的赤子之心和为民情怀，把心紧紧贴在群众的脉搏上。他用一生回答了我是谁，依靠谁，为了谁。第三部分是“大公无私　清正廉洁”。杨善洲牢记“清廉乃为官之本”，他一辈子淡泊名利、地位，始终把党和人民的利益放在个人利益前面。第四部分是“鞠躬尽瘁不懈奋斗”。杨善洲把党和人民的事业奋斗作为毕生的追求，把全部心思和精力用在干事创业上。生命不息，奋斗不止：无愧于心，无愧于世。第五部分是“感动中国　精神永存”。绿了荒山，白了头发，他志在造福百姓，老骥伏枥，意气风发，他心向未来，清廉自上任时起，奉献直到最后一天，60年里的一切作为，便是不辜负人民的期望。

◇杨善洲事迹陈列馆

# 谷文昌纪念馆

谷文昌纪念馆位于福建省东山县陈城镇赤山林场。解放前的东山岛风沙肆虐、寸草不生。“荒山秃岭和尚头，林草奇缺水如油。风沙无情田屋休，三餐难度人外流”就是当时的真实写照。随军南下解放东山的老县委书记谷文昌，带领东山人民经过无数次的实践，制订出筑堤堵沙、种草固沙、造林防沙的方案，找到适宜东山种植的树种木麻黄，并在全县掀起植树造林热潮，至1964年共造林8.2万亩，全县400多座小山丘和3万多亩荒沙滩基本绿化，141公里的海岸线筑起绿色长城。

◇谷文昌纪念馆

1987年，东山人民遵照谷文昌同志的遗愿，将他的骨灰安葬在当年他亲手建起的赤山林场；1990年和1999年，群众两次自发集资修建谷文昌纪念园，内有谷文昌塑像与谷文昌墓；2004年2月，经中办批准，谷文昌纪念馆建成开馆。2012年，谷文昌纪念馆进行拓展规划建设，形成谷文昌纪念园。纪念园由现有的谷文昌纪念馆、塑像、观林楼以及纪念广场、停车场、园区绿化等系列配套工程组成，占地面积约180亩。为进一步提升谷文昌纪念馆的宣教效果，根据中央办公厅“把纪念馆建成全国学习弘扬谷文昌精神的爱国主义教育基地”的要求，东山县委、县政府立足于把谷文昌纪念馆建成党员教育培训示范基地、红色旅游经典景区、园林绿化美化示范基地的目标定位，2015年8月，再次对馆内展陈进行扩大提升，使展陈面积扩大到1800平方米。进一步完善了馆区基础设施建设，增加声光电设备和场景展示，大大增强了教育效果，形成集教育、观光为一体的个性化、现代化的教育基地。馆内设有八大展室，整体布局由“序厅、饱经苦难的昔日东山、坚定不移的信念追求、为民担当的公仆情怀、造福一方的责任意识、清正廉洁的从政品格、精神永驻的绿色丰碑、今日东山”八个部分构成。整个展览以大量珍贵的历史照片、图片、场景、实物和翔实的文字，再现了党的好儿女、人民的好书记谷文昌同志从1950年到1964年间，面对恶劣的自然环境，带领东山人民矢志不移、艰苦奋斗，从根本上改变东山生态环境和落后面貌的动人情景，展示了“四有”书记谷文昌和东山老百姓所发生的一则则真实感人的故事，集中反映了一个共产党人一心为公、无私奉献的高尚品德。

谷文昌纪念馆是国家国防教育示范基地、全国社会科学普及教育基地、中宣部《党建》杂志社联系点、全国红色旅游经典景区、全国关心下一代党史国史教育基地、习近平新时代中国特色社会主义思想实践示范基地、福建省爱国主义教育基地、福建省党员教育培训示范基地、福建省廉政教育基地、福建省党史教育基地、福建省委党校现场教学基地、福建省青少年思想政治教育基地等。2019 年被命名为“全国爱国主义教育示范基地”，成为漳州市首个全国爱国主义教育示范基地。